KB120979

밀당의 기술

픽업 아티스트

연애의 기술

초판 1쇄 발행일 2014년 3월 3일
초판 10쇄 발행일 2017년 11월 24일

지은이 Kenshin
펴낸이 양옥매
디자인 임해미 최원용
교 정 조준경

펴낸곳 도서출판 책과나무
출판등록 제2012-000376
주소 서울특별시 마포구 방울내로 79 이노빌딩 302호
대표전화 02.372.1537 **팩스** 02.372.1538
이메일 booknamu2007@naver.com
홈페이지 www.booknamu.com
ISBN 979-11-5776-028-2(03180)

이 도서의 국립중앙도서관 출판시도서목록 (CIP)은 서지정보유통지원 시스템
홈페이지(http://seoji.nl.go.kr)와 국가자료공동목록시스템
(http://www.nl.go.kr/kolisnet)에서 이용하실 수 있습니다.
(CIP제어번호 : CIP2015007458)

*저작권법에 의해 보호를 받는 저작물이므로 저자와 출판사의 동의 없이 내용의 일부를
 인용하거나 발췌하는 것을 금합니다.
*파손된 책은 구입처에서 교환해 드립니다.

밀당의 기술

픽업 아티스트

연애의 기술

– Kenshin –

이 책을 펴내며

많은 분들을 트레이닝하고 연락 강의를 해왔지만, 그들은 저에게 이렇게 묻습니다.

"혹시 추천할 만한 책이 없을까요?"

나는 연락 3~4시간 안에 모든 것을 이해시키지 못하고 또 가르쳐 주지 못해 늘 아쉬웠습니다.

그렇다고 하루 종일 강의를 할 수도 없는 일입니다. 왜냐하면 사람이 배우고 이해하고 암기할 수 있는 분량은 정해져 있기 때문입니다.

그렇다고 연락 합숙훈련이나 연락 트레이닝을 할 수도 없는 일입니다. 그래서 반드시 내가 연락의 서적을 집필하리라 마음먹게 되었습니다.

이 책은 누구의 경험담도 아닌 바로 제가 수많은 여자와 연락을 하면서 터득한 독창적 기술들입니다. 저는 수많은 상담을 통해 여자의 심리와 남자의 심리를 깨닫게 되었습니다.

남자들이 겪는 어려움은 여성에게 무슨 말을 할 것인지, 왜 여자가 이런 말을 하는지, 그땐 어떻게 대응해야 하는지 등 여자의 심리와 그에 대한 대처법 자체를 모른다는 것입니다.

대부분의 남자들은 좋아하는 여자가 있어도 몇 번 연락을 주고받다가 할 말이 없어서 또는 지루함에 다른 동성친구 대하듯 똑같이 말하게 됩니다. 하지만 그럴수록 여자에게서 본인의 가치는 떨어지게 될 것입니다.

그리고 연락은 점점 두렵고 어려운 일이 되고, 결국 여자와의 연락 두절이라는 최악의 상황이 되고 말 것입니다.

저는 대한민국의 남자들이 이러한 상황을 극복하고 자신이 좋아하는 여자를 자신의 의지대로 움직이도록 하기 위해 이 책을 썼습니다. 부디 이 책을 통해 이해한 심리와 습득한 기술로 자신감을 가지고 자유로운 연애를 펼쳐 나가길 바랍니다.

서문

지금 이 시대에 핸드폰이란 자신의 분신이라 할 수 있다. 앞으로 핸드폰의 비중은 더욱더 높아질 것이며, 이에 따라 연락의 중요성 또한 높아질 것이다. 연락을 못하는 남자는 앞으로 연애에 치명타를 입을 것이라고 필자는 확신한다.

필자는 연락에서 유혹의 기술이 반은 넘는다고 생각할 정도로 연락의 비중이 크다고 본다. 물론 말을 천재적으로 잘하는 내추럴이라면 문자게임을 뒤로하고 전화만 하면 될 것이다.

그러나 필자는 천재적 내추럴 출신이 아닌 평범한 평민 출신의 남자이다. 아마도 90%의 남자가 여자에게 말을 잘 못하거나 소위 말하는 애드리브로 대화하다가 소중한 그녀를 떠나보내거나 혹은 친구로만 남게 될 것이다.

이것을 방지하기 위해서 필자는 수십 권의 연애서적을 읽었고 수천 명의 여자와 연락을 했으며 대화를 나누어 보았다.

그래서 조금씩 조금씩 어떤 방법이 잘 통하는지, 어떤 방법이 호감을 얻는지 공통분모가 생기기 시작했다. 이것을 소위 말하는 '연락공식'이라고 한다.

예쁜 여자, 키 큰 여자, 귀여운 여자, 재벌 여자, 지적인 여자, 보수적인 여자, 기센 여자, 능력 있는 여자 등등……. 물론 이 여자들을 공략하기 위해서는 각기 다른 방법을 써야 할 것이다.

그러나 기본적으로 모든 여자에게 통하는 공식은 있다. 80%의 기술은 모든 여자에게 통하지만, 나머지는 그 여자가 어떤 여자인가에 따라 가장 결정적 순간(잠자리 또는 고백) 20%가 다르다.

그 20%는 그 여자가 어떤 여자인지를 그동안의 연락을 통해 모조리 파악하고 거기에 맞게 대응해야 한다. 그녀의 성향을 빨리 파악하여 빨리 대응할수록 그녀의 몸과 마음을 얻는 시간은 빨라질 것이다.

전화로 아무렇지도 않게 야한 이야기를 막 해대며 여자랑 같이 웃고 떠드는 사람은 저질이 아니다. 그는 진정 그 여자와 이미 모든 과정을 지난 단계이기 때문이다. 그는 아마도 그녀의 많은 부분을 알고 있기에 그 여자의 성향에 맞게 자연스럽게 야한 이야기를 하는 것이다. 야한 이야기를 한다는 것은 바로 섹스로 이어질 확률이 몇 배로 높아진다는 것이다.

다시 본론으로 돌아가 이 핸드폰은 이미 우리 선조들이 썼던 방식을 우리가 지금 다시 재조명할 뿐이다. 한자 시대에는 서로 편지로 주고받았다. 한지에 자신의 개성이 가득 담긴 멋들어진 붓글씨로 사랑과 인연의 정당성과 마음을 고백하는 우리 선조들의 연애 수단은 불과 얼마 전까지, 아니 지금까지도 유효하다.

그 서한을 종이나 글자가 대신에 전해 주었을 것이고, 그 글씨체를 보고 그 남자의 인격과 성품을 그 여자는 평가했을 것이다. 그리고 학문의 깊이 또한 평가했을 것이다.

몇 번의 왕래가 있는 후 남자는 보름달이 뜨는 날, 소나무 밑에 낭자를 보자는 지금으로 말하면 데이트 신청을 했을 것이다.

보름달이 환하게 뜨고 거대한 소나무 밑에 남녀가 만나는 상상을 해 보자. 왠지 멋있지 않은가?

그리고 서로 지금으로 치면, 구매자 후회를 방지하고자 정표를 여자에게 주었을 것이다.

또한, 현대에는 어떤가? 우리가 잘 아는 펜팔이다. 이것은 나도 군 시절에 해 봤다. 연애에 무지했던 나는 펜팔이 뭔지도 몰랐지만, 한 선임병이 그것이 유일한 군 생활의 낙이라고 하여 해 보았다.

답장이 안 온다. 웃긴다. 왜 안 오지?

다른 여자랑 할 때는 정성과 노력을 더 기울여 보았다. 그래도 답장은 안 온다. 그래서 다른 사람이 하는 걸 봤다. 그제야 내 잘못이 무엇인지 알았다. 그래서 나도 멋진 편지지에 최대한 글자도 멋있게 쓰고 예쁜 낙엽도 넣고 컬러 펜도 썼다. 답장이 왔다.

솔직히 지금 생각해도 펜팔은 정말 재미있었다. 나중에 제대하고 아버지께 펜팔에 대한 얘기를 해 보았다. 아버지는 펜팔의 달인이셨다고 하셨다.

지금 누가 편지를 주고받는가? 아무도 그렇게 하지 않는다. 이 시대는 핸드폰의 시대이다. 바로 문자이다. 누군가는 그깟 문자 몇 줄 보내는 게 뭐가 대수냐고 나에게 말하겠지만 절대 그렇지 않다.

그 문자 몇 줄에도 사람의 학식과 인식이 보인다면 믿겠는가? 나는 보인다. 아마 여자도 보일 것이다. 내가 보이는데 감각이 남자인 나보다 더욱 발달한 여자는 더 잘 보일 것이다.

남자는 문자를 보낼 때 뜻을 전달하는 데 이용하지만, 여자에게는 하나 더 있다. 바로 느낌까지 읽는다는 점이다.
그래서 남자가 원하는 출력이 여자에게서 나오지 않는 것
이다.

1부

연락 매뉴얼

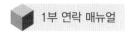
1장 여자의 심리

여자는 왜 먼저 연락을 하지 않는가?

1. 아직 잘 모르거나 관심이 없어 그냥 연락 오면 받아주는 것이다.
2. 부끄럽거나 자존심이 허락하지 않기 때문이다.
3. 확신이 없거나 관심이 있어도 그냥 지켜본다.
4. '남자가 먼저 연락하는 법'이라는 고정관념과 사회 통념 때문이다.

여자는 왜 먼저 연락을 하지 않을까? 이 의문을 혹시 가져 본 적 있는가.
나는 수도 없이 많이 가졌다. 연애가 전무했던 나의 머리는 마치 연애와 사랑이라는 것이 없는, 신이 처음 만들었을 법한 상태의 뇌 구조였다.

'남자가 항상 먼저 연락하는 이 구조를 어떻게 바꿀 것인가?'라는 생각을 많이 했었다. 왜 친해졌는데도 늘 내가 먼저 연락해야 하지? 그 이유는 오랜 세월이 흘러 알게 되었다.

보통의 여성들은 지인의 소개나 학교 · 직장에서 자연스럽게 또는 누군가의 소개로 알게 된 일반적인 만남과는 내가 만난 여성들은 처음부터 지금까지 모두 어떤 장소에서 직접 어프로치를 해서 만났다.

'낯선 남자의 연락에 여자는 모르는 사람인데, 이렇게 친밀하게 연락을 주고받아도 되는 걸까? 내가 이상한 여자로 보이지는 않을까?'라는 생각을 많이 하게 될 것이다.

그래서 연락이 잘되고 있다고 해도 여자는 계속 이런 생각에 갈팡질팡하게 된다. 데이트를 하루 남기고도 여자는 생각할 것이다.

'모르는 낯선 남자와의 만남이라……. 만약 내가 모르는 남자와 며칠 동안 혹은 1주일이나 2주일 연락하고 좋아하는 내색을 하며 만남을 하러 나간다면, 내가 쉬운 여자인가? 내가 헤픈 여자인가? 아니면 요즘같이 무서운 세상에 일이 잘못되어 납치나 강간을 당하지 않을까? 그래서 임신을 하고 내 인생은 망가지지 않을까?' 이런 생각까지 한다.

남자가 들었을 때는 정말 어처구니가 없고 정신 나간 소리 같지만, 여자 입장에서는 그런 생각을 충분히 할 수도 있고 이해는 할 수 있다. 하지만 남자 입장에서는 조금은 과하다고 생각된다.

사실 나도 이해할 수 없다. 그러나 중요한 사실은 여자는 그런 동물이고 여자는 그런 생각을 한다는 것이다.

그래서 그 의심과 고민을 해결해 줘야 한다. 우리 사이에 유머와 매력만을 보여 주는 것을 넘어서서 편안함과 신뢰와 믿음을 심어 주어야 한다. 나는 이것이 연락(여자의 마음을 사로잡는 연락공식)의 핵심이라고 생각한다.

아무리 남자의 매력을 그녀에게 제대로 보이고 심어 주었다 해도 단지 그것뿐이다. 마음 한구석에는 부담스러움과 '모르는 남자'라는 꼬리표가 계속 따라다닌다.

그것이 해결되었을 때 바로 편안함의 단계로 넘어가고 반드시 넘어가야 한다. 편안함의 단계가 되어 있지 않으면 데이트 취소의 원인으로 반드시 작용할 것이다.

데이트 약속 이틀이나 당일, 이런 문자를 받아 보았을 것이다.

"오빠, 나 오늘 못 볼 거 같아."

"오빠, 저 오늘 아파서 못 볼 거 같아요."

물론 이 말들은 거짓말이다. 대부분은 만나기 싫어서 둘러대는 말이다.

우리 착한 남자들은 순진하게 그녀의 말을 믿겠지만, 절대로 그녀에게는 아무 일도 없다. 그저 당신을 만나기 싫어서 하는 변명일 뿐이다.

이 글을 읽은 당신은 내게 이렇게 말할 게 뻔하다.

"아니에요. 진짜 바쁜 일 있는 거 같아요."

난 이 말에 이렇게 대답하고 싶다.

"그것은 그녀가 당신이 믿게끔 느낌을 살려서 변명을 했기 때문입니다."

"오빠 어찌어찌해서 못 볼 거 같아요."라는 간접적으로 당신이 싫어서 만날 수 없다고 통보를 한다.

여기서 남자가 "알겠어. 다음에 보자!"라고 답장을 보내면 여자의 답장은 이렇게 올 것이다.

"미안해요ㅠㅠ"

"죄송해요ㅠㅠ"

연약한 척 리얼하게 연기를 한다. 그리고 이 연기는 거의 대부분의 남자에게 통한다. 나 역시도 알게 된 지 얼마 되지 않은 여자가 정말 리얼하게 이런 변명이나 거짓말을 둘러댄다면 믿을지도 모른다.

그리고 이 일이 발생한 후부터 그녀와의 연락은 서서히 두절될 것이다. 왜냐하면, 그녀는 이 일을 계기로 당신과 연락을 두절할 명분과 계기로 삼을 것을 스스로 만들었기 때문이다.

위의 데이트 거절 멘트를 듣게 되면 왠지 모를 불안함이 오지 않는가? 그것은 바로 여자의 의도가 무언의 느낌으로 당신에게 전달되기 때문이다. 남자에게도 직감이라는 것이 있다.

그러나 편안함이 많이 쌓인다면 위와 같은 데이트 거절 의사를 전달하더라도 절대 불안함이 느껴지지 않는다. 왜냐하면, 많은 대화와 교류를 함께해서 매력을 넘어 편안함과 신뢰가 쌓였기 때문이다. 이렇게 되면 그녀는 당신에게 볼일이 있다는 것을 구체적이고 자연스럽게 말할 것이다. 그리고 충분히 당신 스스로도 납득할 것이다.

"내가 이러이러해서 이러이러하니 오빠 우리 다음에 보자 ^^"

예의 바르고 기분 좋은 취소가 될 것이다. 이것은 취소가 아니고 약속이 뒤로 미루어지는 것이다. 그래서 초반에 매력이 들어가면 그것을 유지하면서 편안함과 신뢰가 그 위에 같이 쌓여야 하는 것이다.

혹시나 여자 중에 누군가가 이 책을 보고 "이 사람은 여자를 못 믿는 정신병자"라고 할 수도 있을 것이다. 그러나 하늘에 맹세코 "내 말이 맞다"라고 감히 말하고 싶다.

여자들이 하는 말은 믿어서도 안 되고, 있는 그대로 받아들여서도 안 된다. 반드시 그 말과 행동의 진위와 의도를 정확하게 파악한 후 해석해서 받아들이고, 적절한 대응이나 처신을 해야 한다.

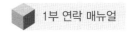

2장 연락은 원샷 원킬이다

여자를 처음 만나서 초반 2~3일 동안 상호교류의 연락기술
이 가장 중요하다.

한 번에 흐름을 타서 고자세 성립과 적절한 시기에 데이트
를 잡아야 한다. 만일 그 흐름을 놓치고 시기를 벗어나면,
데이트 약속이나 친밀감을 쌓은 것 그리고 당신에 대한 호
감 지수 등이 모두 물거품이 될 것이다.

항상 말하지만 연애와 사랑은 타이밍이다. 즉, 분위기이다.

사람의 감정이라는 것은 하나의 곡선을 타고 올라간다. 기
계나 업무 실적처럼 쌓아 올린다고 그대로 있는 것도 아니
다. 감정이라는 것은 올랐다가 내려가고 내려갔다가도 올라
간다.

여기에서 중요한 것은 호감 있는 정도에서의 감정은 내려가
기는 쉬워도 다시 올라가는 것은 쉽지 않다는 점이다.

그러나 처음 알게 되고 처음 연락할 때의 그 감정, 그 분위기를 그대로 살려 점진적으로 서로의 매력과 편안함에 빠져들게 하면서 데이트를 서서히 잡으면 된다.

만약 데이트 잡을 시기에 데이트를 잡지 않고 미루거나 방관한다면 어떻게 될까? 여자는 결국 떠나고 말 것이다. 이것은 당연한 것이다.

처음 연락처를 받고 그녀도, 당신도, 그 어프로치의 감정과 느낌이 그대로 살아 있는 그날 하루 중에 보내는 것이 가장 무난할 것이다.

물론 연애의 기술에 자신이 있다면 밀고 당기기에 의해 하루가 지나고 다른 방식으로 접근하는 사람도 있을 것이다. 그러나 가장 보편적으로 잘 통하는 방법은 그날 30분 후에 문자를 보내는 것이 좋다. 물론 전화를 해도 상관은 없을 것이다.

3장 연락 시 버려야 할 자세

1. 불안함

많은 남자들은 여자가 바로 답장이 안 오면 기다리다 못해 두려움에 떤다. 결국 조금만 참으면 답장이 올 텐데, 그 사이를 참지 못하고 또 답장을 한다.

그것은 여자 입장에서 봤을 때 "나는 너와의 관계를 진전시키고 싶어. 너무 절박해!"라는 뜻으로밖에 보이지 않는다.

'잡은 고기는 밥을 주지 않는다', '이긴 게임은 재미가 없다.'라는 말은 비단 남자만의 심리가 아니라, 모든 사람이 느끼는 감정이다. 감정의 기복이 심한 여자의 경우, 특히 더욱 심하다.

이미 뻔히 보이는 게임이고 사이인데, 여자가 더 이상 관계 개선에 힘을 쓰겠는가? 오히려 밀당 체제로 돌입할 것이다. 아니, 그보다는 오히려 부담을 느끼기 시작할 것이다.

명심하라! 여자는 즐겁고 편하게 장난치듯이 사이를 발전시키는 걸 가장 선호한다.

자기의 연락을 목매어 기다리는 남자를 상상한다면, 그것은 우두머리 수컷(자신감이 넘치는 강하고 멋진 남자)의 태도에도 어긋난다. 불안해 보이는 남자는 곧 주관이 없고, 약해 보이고, 매력도 없어 보이고, 자신감도 없어 보이는, 별 볼 일 없는 많고 많은 평범한 남자 중 하나일 뿐이다.

2. 조급함

여자와 연락 시 관계 발전을 위해 무리하게 힘써 본 적이 있을 것이다. 혹시 이런 얘기를 들어 본 적 있는가?

"그쪽이 너무 들이대요."

"나한테 너무 애쓰는 것 같아 부담스러워요."

여자는 남자보다 직관력과 감각이 매우 뛰어나다. 이 남자가 지금 나를 어떻게 해 보려 한다고 생각하거나 여자가 없어 빨리 나랑 어떻게 되어 보려고 하는 게 눈에 다 보인다고 생각해 보라.

물론 '아, 이 남자가 나를 정말 좋아하는구나!' 혹은 '나에게 적극적으로 대시를 하는구나!'라고 생각할 수도 있다.

그러나 그렇게 사이를 몰고 가면 어떻게 되던가. 항상 남자의 끝없는 구애에 남자는 지치고 미칠 지경이다. 그 여자의 작은 언행이 자신의 사회생활에 막대한 영향을 미치게 된다.

그렇기 때문에 나는 이렇게 주장한다. 처음부터 작업의 정석을 밟아 가면 그렇게 공들일 필요 없다고…….

물론 그 여자가 예쁘고, 당신의 마음을 설레게 하는 것은 안다. 그러나 조금만 심호흡을 하고 한 발 뒤로 물러나 여유를 갖고 그녀를 대해야 할 것이다.

그리고 그녀와의 사이가 진전되지 않더라도 너무 괴로워하지 말고, 최대한 많은 여자와의 관계를 유지하라. 이 여자에게 작업이 막혔을 때 잠시 쉬면서 위안을 느낄 수 있는 다른 여자들이 있다면, 그 여자들을 통해 그녀와의 사이가 왜 막혔는지에 대한 답을 찾을 수 있을 것이다.

그러므로 항상 한 여자에게 올인하지 말고 여러 명의 여자와 동시에 연락을 해야 한다. 그러면 그녀에게만 매달리는 집착 현상은 눈 녹듯 자연스레 사라질 것이다.

3. 한가함

나뿐만 아니라 이 글을 읽는 많은 분들도 아마도 꿈 많고 욕심 많고 할 일 많으신 분들일 것이다.

백수나 특수한 상황이 아니면 대부분은 아침부터 학교나 직장을 갈 것이고, 그곳에서 자신의 해야 할 일을 할 것이고, 그리고 그것에 집중할 것이다.

그런데 한 여자를 무척이나 좋아한다고 가정해 보자. 이 남자는 그 여자가 정말 좋아 아침에 문자를 보냈다. 그리고 점심때도 생각이 나서 문자를 보냈다. 그리고 저녁에 수업이 끝나고 혹은 퇴근길에 그녀가 생각나 또 문자를 보냈다.

"일어났어요?"

"점심 드셨어요? 맛있게 드세요."

"저녁인데 바람이 많이 부네요."

이와 같이 아침, 점심, 저녁 빠지지 않고 그녀에게 문자를 보낸다? 이것이 과연 옳은 방법이라고 생각하는가?

결론부터 말하면 아니다.

입장을 바꿔서 생각해 보라. 상대방이 호감이 있더라도 하루 종일 연락을 한다면 귀찮고 짜증 날 것이다.

당신은 그녀를 이미 마음속에 넣어 두고 좋아하는 마음이 매우 크지만, 그녀는 당신을 별로 좋아하지도 싫어하지도 않는 그냥 아무 생각 없는 상태이다.

그런데 매일 연락하는 것을 넘어 하루 종일 연락을 한다고 생각해 보자. 이것은 짜증 지수를 높이는 일밖에 되지 않는다. 최대한 그녀가 당신에게 좋은 감정과 쿨하고 유쾌한 느낌을 갖도록 해야 한다.

하물며 위에 분명히 우리는 한가한 사람이 아니라는 것을 언급했는데도 불구하고 남자가 시간을 내서 여자에게 많이 연락을 해 봤자 통하지도 않을뿐더러 여자는 오히려 멀어진다는 것이다.

4. 성급함

그녀와 호감을 느낀 상태에서 서로 처음 알게 되었다. 그녀도 당신에게 호감이 있고 당신도 그녀에게 호감이 있다. 서로에 대해 조금씩 알아 가면서 서서히 감정을 끌어올리는 것이 단계에 맞다.

그러나 본능적이고 감정이 너무 앞선 나머지, 그녀와의 충분한 친밀도가 쌓이지 않은 상태에서 당연히 만남을 가질 수 있을 거라는 남자 혼자만의 착각으로 데이트를 잡는다면 그녀 입장에서는 굉장히 당황스럽고 혼란스러울 것이다.

충분한 친분이 쌓이지 않은 상태에서 만남의 약속을 잡는다 할지라도 그녀는 어색함과 더불어 잠깐 만나 차 한잔하자는 정도에서 끝날 것이다.

혹시 생각을 해 보라. 지금까지 여자와의 만남에서 잠깐 만나 차한잔 해서 잘된 적이 있는가?

절대 잘될 수 없다. 연락을 통해 엄청난 호감을 이끌어 낸다고 하더라도 데이트를 취소하기 일쑤인 여자들이 제대로 된 친밀함도 없이 예쁘게 단장하고 설레면서 데이트 장소에 와서 기다리는 일은 절대 없을 것이다.

만일 그런 여자가 있다면, 그것은 그녀의 가치가 낮든가 아니면 정말 하늘이 내린 좋은 여자일 것이다.

제대로 만나 밥이나 술을 먹으면 몇 시간씩 아주 재미있고 즐겁게 놀아도, 다음을 기약하기 힘든 것이 예쁜 여자들의 특성이다.

그런데 아무 친밀도도 없이 다짜고짜 만나자거나 또는 친해졌다는 자신만의 착각으로 만남이나 관계 진전을 제의하는 건 여자를 멀어지게 하는 지름길이 될 것이다.

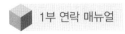

4장 기본 5대 법칙

1. 연락의 시작, 완전한 어프로치

번호를 받으면 최대한 빨리 나를 알려야 한다. 각인효과에 따라 1시간 안에 문자나 전화를 해야 한다.

그렇다면, 연락을 잘하려면 어떻게 해야 할까? 어떻게 해야 여성의 호감과 관심을 많이 받으며 연락을 주고받을 수 있을까?

이것은 기본 중의 기본인 바로 어프로치에 있다. 왜 어프로치를 잘해야 연락이 사는 걸까?

한번 생각해 보라. 자신의 마음에 들지 않는 여성이 먼저 연락 온 적이 있는가?

하지만 싫어하는 친구나 선후배나 부담스러운 직장 상사나 교수님의 연락을 받아 본 적이 있을 것이다. 솔직히 연락하고 싶지 않으나 어쩔 수 없이 연락을 할 수밖에 없다. 사회

적 인맥과 관계 속에 포함되어 있기 때문이다. 만일 안 할 수만 있다면 하지 않을 것이다.

그런데 그냥 어떤 인맥과 사회성 없이 만난 당신에게 여성은 아무런 호감이 없고 연락해야 할 의무도 없는 것이다. 심지어 어프로치 했을 당시 여성은 이미 당신을 "내 기준에 미달이야."라는 결론을 내렸고, 더 심하게 말해서 '귀찮거나 이상한 사람'으로 생각한다.

그럼 아무리 좋은 문자를 보내더라도 그 여성이 답장을 하겠는가?

그 어떤 장소에서 어프로치 당시 여성에게 무조건 연락처를 달라고 해서 연락처를 얻으면 초보자 분들은 "와! 대단하신 분이다. 믿을 수 없어!"라는 말을 연발한다.

그러나 수많은 경험으로 쌓은 높은 실력이라면 이미 어프로치를 했을 때 여성의 태도와 자세만 보아도 앞으로 이 여성과 진도가 어떻게 진행될지 눈에 다 보일 것이다.

'그 번호는 절대 살지 않을 거야, 바로 연락이 두절될 거야, 연락이 오래 못 갈 거야.'

솔직히 나는 "저기요"라고 그 어떤 장소에서든 처음 말을 걸었을 때 부터 여성이 번호를 줄지 안 줄지, 연락처를 교환할 때 이 번호가 살지 안 살지, 합석이나 앞으로 어떻게 진행될지 그래서 나는 어떻게 풀어 나가야 할지 거의 직감이 오고 파악할 수 있다.

그래서 그것을 예방하기 위해 방지책을 쓴다. 그래서 실제로 연락이 잘되기 위해서는 어프로치에 아주 많은 신경을 써야 한다.

여기에서 내가 말하는 어프로치란 꼭 일명 말하는 '헌팅 or 클럽'만이 아니다. 여성과의 모든 첫 번째 만남을 어프로치로 정의한다.

여성에게 첫인상이란 거의 모든 것을 좌우한다고 해도 과언이 아니다. 여성은 연애와 인간관계 직업과 계약 등 거의 모든 결정을 첫인상의 느낌에 많이 의존하기 때문이다.

따라서 여성은 처음에 모든 것을 투자하고 차츰 투자를 줄여 나가서 다시 투자를 이끌어 내면 된다.

그런데 위에서도 언급했듯이 당신과는 아무 사회적 의무도 없는 사이인데 조금만 마음에 안 든다면 연락을 쉽게 무시할 것이다.

그래서 완벽한 어프로치가 필요하다. 어프로치에 대해서는 후속작 어프로치편에서 더욱 자세히 다루도록 하겠다.

2. 처음 연락이 중요하다

많은 사람들이 물어본다.

"처음 문자는 어떻게 보내요?"

나는 그러한 질문에 항상 이렇게 답하며 반문한다.

"어프로치를 잘하셨나요? 그때 당시 여성의 반응과 호응도는 어느 정도였나요?"

Attraction(매력) + Approach(접근)에 대해서는 〈유혹의 기술 실전 지침서〉에서 심층적으로 다루도록 하겠다.

그러나 어프로치에만 집중한다면 안 될 것이다. 이미 번호는 받았고, 그것은 과거가 되었다.

그럼 이제 연락에 돌입해야 한다. 그녀가 어떤 여자인지 무엇을 좋아하고 싫어하는지 아무것도 모르는 상황에서 선뜻 말을 걸기가 쉽지는 않을 것이다. 그래서 유머만 섞어 보낸다면 어떻게 될까?

"귀여운 ○○씨 참 아름다우시더라고요^^ 구두가…….."

이 문자를 처음 받은 여성이 개방적이고 유머를 좋아하는 여성이라면, 이 문자를 보았을 때 넓은 마음으로 웃으며 받아줄 것이다.

그러나 그 여성이 불행히도 가벼운 걸 싫어하는 여성이라면 어떻게 될까? '뭐야? 이거 날 언제 봤다고 장난질이야?' 또는 '무례한 남자구나!'라고 생각할 것이다.

그렇다면 이번에는 반대로 처음 문자를 진지하게 보낸다고 가정해 보자.

"안녕하십니까? 조금 전에 뵙던 사람입니다."

진지함과 진정성을 강조하는 여자라면 통할 수도 있겠지만, 일반적인 여성이라면 무미건조하고 딱딱할뿐더러 누가 이 문자에 답장하고 싶을까? 친한 사이라 해도 나 역시 아무 이모티콘 없이 단답형으로 보내고 싶은 기분이 들 것이다.

그렇다면 어떠한 방법으로 문자를 보내는 것이 좋을까? 먼저 지방별로 여성들의 특성을 분석해 보자.

• 대구, 부산, 경상도 여성

경상도 여성들은 재미있고 유머러스한 남자도 좋아하지만, 그것보다도 중요하게 여기는 것이 그 남자의 진실성을 가장 중요하게 본다.

진심이 느껴지지 않는 화술과 기술은 경상도 여자에게 사실 까이는 최대의 지름길이다.

실제로 내가 대구와 부산에 살던 당시에는 그렇게 유머와 마술에 신경 쓰지 않았다. 약간의 유머와 멘트는 필요하지만 대체로 순수함과 진심의 전달력에 주력했다.

실제로 이것은 경상도 여자들에게 상당히 통한다. 그래서 경상도에서 나의 방식은 진심과 순수를 기반으로 한 기술이 대부분의 주류를 이루었다.

왜 이것이 통하냐 하면, 경상도는 대체로 보수적인 지방이다. 오히려 경기도와는 비교할 수 없을 정도로 다른 문화라 해도 될 정도이다.

그래서 처음 본 남성이 특이한 농담과 장난을 치게 된다면, 경상도 여자들은 어이없어하고 황당해하면서 연락을 끊어버린다. 오히려 평범하고 무난한 대화와 접근 방식이 더 잘될 것이다.

· 그 외 지역의 여성

사실상 경상도를 제외하고도 유혹과 연애에 있어서는 최소한 모든 지역이 비슷한 정서와 유혹의 방식이 통한다고 저자 개인은 생각하기에 한 개의 문화로 엮을 수 있다고 생각한다.

특히나 서울 경기도는 문화 경제의 중심이고 인구가 많고 도시가 아주 크다. 그래서 평범과 진부함은 퇴보를 의미한다. 유혹과 연애도 마찬가지이다. 식상한 멘트와 방식은 오히려 자신의 가치를 하락시킬 뿐이다.

그래서 서울을 중심으로 한 모든 지역에서는(경상도 제외) 특이하고도 독창적인 방식이 잘 통한다.

예를 들어 모든 남자들이 "남자친구 있느냐고 물어본 후 번호/합석을 요구하는 형식"이라면, 나는 먼저 여자가 공감할 만한 얘깃거리를 얘기하거나 여자들과 대화를 나눌 만한 의견을 먼저 물어본다. 또한, 마술로 여성의 호감을 먼저 얻은 후에 번호/합석을 요구한다면 훨씬 좋은 방법일 것이다.

3. 성향을 파악하라

그 여자가 어떤 여자인지 성향을 파악하라. 100% 맞춤형 작업이 먹힌다.

보통의 남자들은 매력적인 여성의 번호를 따거나 합석을 하게 되면, 일명 '애드립, 말빨, 잘해 주면 호감을 살 수 있다'고 생각한다.

그러나 생각해 보라. 여성에게 그냥 아무 생각 없이 잘해 주다가 생각했던 것만큼 잘된 적이 있는가? 대체로 없을 것이다. 왜냐하면, 바로 분석력과 대응력이 부족하기 때문이다.

더 쉽게 설명해 보겠다. 보통 남자들은 같은 남자를 대할 때 아무 생각 없이 대하지 않는다. 이 사람이 어떤 사람이고,

어떤 취향과 성격의 사람인지 대충이라도 파악한다.

성격이 좀 있는 사람인지 순한 사람인지, 아니면 의리가 있는지 없는지, 능력이 있는지 없는지, 재력이 있는지 없는지, 똑똑한지 멍청한지 등을 파악하는 것이다. 쥐, 개, 박쥐, 거미, 늑대, 하이에나, 호랑이 등 사람의 기질을 동물에 비유해 가며 그 사람을 묘사하고 정확하게 분석하려고 노력한다.

그 이유는 무엇일까? 그 사람을 정확히 알아서 그 사람보다 우위에 서거나 그 사람과의 경쟁에서 이기기 위해서이다.

그러나 대부분의 남자들은 여자와의 관계에서는 이렇게 하지 않는다. 그 여자가 어떤 여자인지조차도 모르면서 단지 예쁘다는 이유 하나만으로 그냥 아무 생각 없이 작업한다.

작업이라고 해서 별다른 게 없다. 그냥 연락을 자주 하고 잘해 준다. 그리고 모든 주도권은 그녀가 가지고 있고 나를 언제 받아줄지도 모르는 알 수 없는 상황 속에서 머나먼 여정을 떠나고, 갈수록 그 여성에게 투자하는 비용과 시간, 노력은 커지고 그 여성이 조금이라도 연락에 소홀하게 되면, 모든 일상생활이 망가지게 되고 급기야는 여자를 구속하고 지배하려 든다.

그렇게 되면 그 여성은 그것에 부담과 짜증을 느껴 멀어지고, 결국은 파멸로 치닫게 된다.

생각해 보면 늘 반복된 이야기가 아닐까? "왜 이런 현상이 일어날까?"라고 묻는다면, 나는 오히려 반문하고 싶다.

"바로 그 여성이 어떤 사람인지 성향조차도 파악하지 않으면서 무슨 작업을 하겠다는 것일까?"

모든 인간은 태어날 때부터 기질을 갖고 태어난다. 그 기질은 그 사람의 성향과 인격을 결정한다.

당신이 일반적으로 만나는 사람들을 파악하듯이 이제는 그녀를 파악해 보라.

여자는 남자보다 더 복잡하고 종류도 많다. 동물로 비유하면 쥐, 여우, 독사, 토끼, 사슴, 강아지, 기생충, 독수리 등 남자보다 더욱 다양한 기질을 가지고 있으며, 그것을 정확하게 파악할수록 유혹의 성공률도 커진다.

일단은 기본적으로 그녀의 성향과 정보를 파악해 보라.

보수적인가, 개방적인가?

성격이 강한가, 부드러운가?

종교가 있는가, 없는가?

남자를 좋아하는가, 안 좋아하는가?

외로움을 잘 느끼는가, 그렇지 않은가?

유머 있는 남자를 좋아하는가, 진지한 남자를 좋아하는가?

스타일리시한 남자를 좋아하는가?

기본적인 성향이라도 파악해 그것에 맞춰 나 자신을 보여주어야 한다.

원래 나는 그런 사람이 아니더라도 그녀가 외로움을 잘 느끼고 유머러스한 남자를 좋아한다면, 나는 감성적인 얘기를 자주 하고 재미있는 문자로 소통하려고 노력해야 한다.

그러나 그녀가 종교가 있거나 진실 되면서도 듬직한 남자를 좋아한다면, 나는 마음이 바르고 언제나 진심이 묻어나는 말을 해야 한다. 만일 이러한 여자에게 유머와 멘트의 작업성 접근만 계속한다면 이 여자의 방어벽을 뚫을 수 없게 되는 것이다.

그래서 연락을 주고받으면서 이 여자가 어떤 여자이고 어떤 남자를 좋아하는지 파악하라. 만일 모르겠으면 그냥 단도직입적으로 물어봐라!

그리고 거기에 그냥 맞춰라. 그러면 최소한 쉽게 바람맞는 일은 없을 것이다.

4. 바로 답장을 보내지 마라

바로 답장을 보내지 말라니, 이것이 대체 무슨 말인가 싶을 것이다.

'그녀가 바로 답장해 주었는데, 나도 거기에 부합해 칼같이 답장을 보내야 하는 것 아닐까?'

결론만 말하면 그럴 필요는 없다. 또한, 그렇게 해서도 안된다.

매력적인 여성들 대부분은 자신이 먼저 연락을 하지도 않을뿐더러 답장을 한다고 해도 대부분 칼같이 남성으로부터 답장을 받는다.

그러나 그것은 스스로 자신의 무덤을 파는 행위이다. 답장을 바로 보내지 말아야 하는 데는 두 가지 이유가 있다.

첫 번째, 남녀 사이의 프레임(frame) 때문이다.

대부분의 여성들은 먼저 남자에게 연락하지도 않을뿐더러 늦게라도 답장하면 남성으로부터 칼답장을 받는다. 그것도 모자라, 남자는 여성이 한 통의 문자를 보내는 동안 몇 통씩이나 보낸다. 그것도 아주 구구절절하게 말이다.

여성이 만약 문자를 늦게 보낸다면 나 역시 늦게 보내야 한다.

예를 들어 여성의 회신이 1시간 만에 왔다. 기다리고 기다리던 그녀의 답장이다. 그 문자를 받자마자 너무나 기쁜 나머지 남자들은 칼답장을 해댄다.

그럼 그녀는 '아, 이 오빠는 나를 정말 좋아하는구나. 나도 이제부터 정말 이 오빠에게 꼬박꼬박 문자하고 연락도 자주 하고 더 잘해 줘야겠다.'라고 생각한다면 아주 큰 오산이다.

실제로 여자들은 이런 현상이 발생하면 '이 남자가 나에게 아주 마음이 있구나!'라고 생각해, 그때부터 자신은 남자보다 높은 위치에 있다고 생각해 연락을 더욱 대충할 것이다. 남자는 구구절절 답장을 보내는데 그녀의 대답은? "응", "^^", "아니" 이런 식의 단답형을 받아 본 경우가 있을 것이다.

이러한 단답형의 문자를 보면서 '아, 원래 여자들이 문자를 잘 못하거나 아직 나랑 친하지 않아 또는 남자랑 문자 보내는 게 부끄러워 이러는구나!' 하고 생각한다면 이것은 핵폭탄급의 착각이다.

저렇게 성의 없이 보내는 이유는 당신이 칼답장을 했기 때문에 그녀는 당신에게 흥미를 잃은 것은 물론이고 당신보다 자신이 우위에 있다고 판단했기 때문이다. 그렇게 여성은 성의 없이 문자를 보내도 남자에게서 돌아오는 회신은 엄청난 정성이 담긴 사랑 가득한 구구절절 문자일 것으로 예상하기 때문이다.

그래서 그녀가 1시간 후에 답장이 왔다면 당신은 30분 후에 답장을 보내라. 그녀가 30분 있다가 답장이 왔다면 당신은 15분 있다가 답장을 보내라. 그녀가 15분 있다가 답장이 왔다면 당신은 8분 있다가 답장을 보내라.

이런 식으로 그녀와 시간의 간격을 맞추라. 그러면 최소한 칼답장하고 문자 씹히는 굴욕은 당하지 않을 것이며, 그녀도 조금씩 문자 보내는 시간이 빨라질 것이다.

두 번째, 답장을 바로 보내게 되면, 아무 생각 없이 보내게 되기 때문이다. 물론 여성에게 지루하고 뻔하고 쉬워 보이지 않기 위해 바로 답장을 보내지 말아야 하지만, 그 시간 동안 그냥 가만히 있는 것이 아니다. 그 시간 동안 어떤 답장을 할 것인지와 다음에 무슨 이야기나 질문을 던져서 사이를 진전시켜 나갈지를 생각하라는 것이다.

연락을 주고받다 보면 최악의 경우 "네", "아니요", "^^", "ㅋㅋㅋ" 이런 식으로 답장을 할 것이다.

그러면 어떻게 할 것인가?

'이름이 뭐예요? 나이가 어떻게 돼요? 어디 살아요? 무슨 일해요? 예쁘세요!'

그다음은 무슨 말을 할 것인가? 너무나도 뻔하고 뻔한 말만을 되풀이할 것이고 할 말이 없게 되어 곧 연락은 두절될 것이다.

그래서 다음엔 무슨 말을 할 것인지 생각을 해야 한다. 답장을 쓰고 바로 보내지 말고 생각을 해 보라.

'이 말이 정말 타당한 답장인가? 정말 최선의 문장인가?' 그녀가 이 답장을 받으면 무슨 생각을 할지 나를 어떻게 생각할지 먼저 예측을 해 보아야 한다.

한 번의 답장을 보내기 위해 꼭 세 번 이상 생각해 볼 것을 권한다. 그러면 나에게 대다수는 이렇게 얘기한다.

"정말, 답장 하나 보내는데 무슨 생각을 그렇게 하나요?"

나는 서슴지 않고 이렇게 대답한다.

"네. 생각하시고 보내야 합니다. 그것도 여러 번!"

혹시 편지를 써 본 적 있는가? 그 편지를 쓰고 다음 날 일어나 다시 읽게 되면 엄청난 오타와 문맥상 맞지 않는 글들을 발견하고 아주 깜짝 놀라게 될 것이다.

연락도 마찬가지다. 아무 생각 없이 여자가 보내는 대로 그냥 본능적으로 받아친다면, 자신도 모르게 연락이 두절되는 상황을 맞이하게 될 것이다.

당장 답장을 보내는 게 중요한 게 아니라 어떤 내용을 어떤 느낌으로 답장하느냐가 중요하다. 최소한 1분~3분 정도는 쉬고 보내라.

5. 매너를 지켜라

매너를 지키라니, 이게 대체 무슨 말인가? 언제는 나쁜 남자, 밀당의 선수가 되어야 한다고 그렇게 강조하고선 이제 와서 매너를 지키라니 무슨 이치에 안 맞는 말인가.

하지만 내가 말하는 매너는 TV나 영화에서 나오는 여자의 의자나 빼 주고, 전화나 주구장창 해 주고, 밥값 술값만 계산해 주는 그런 매너가 아니다. 그것은 그냥 머슴 또는 몸 종이다.

실제로 여자한테 그렇게 사대 굴종적 연애를 시작하게 되면 끝없는 조공과 사대주의적 약자 위치에서 물질적 · 정신적 · 시간적으로 휘둘리다가 결국은 잔인한 이별을 맞이하게 될 것이다.

내가 말하는 '매너를 지켜라.'는 것은 그녀와 당신이 오늘 처음 알게 된 상황에서 온갖 호구조사와 개인정보를 캐물으면 안 된다는 것이다.

입장을 바꿔 생각해 보자. 학교 교사나 직장 상사 또는 이웃 어른이 당신이 말하고 싶지 않은 개인정보를 캐물을 때의 짜증은 이루 말할 수 없다.

부모님은 뭐하시냐, 부동산은 얼마나 되냐, 학교는 어디 나왔냐, 형제들은 뭐하냐, 앞으로 뭐 먹고살 것이냐, 결혼은 왜 안 하냐 등 정말 지루할 뿐만 아니라 말하고 싶지도 않은 질문들을 계속 물어본다면, 당신의 기분은 짜증에서 분노로 그리고 다시는 마주치고 싶지 않음 감정으로 변할 것이다.

그래서 여성과 처음 연락을 하면 나이를 제외한 그 어떤 것도 물어보면 안 된다. 이름과 직업 등과 같은 개인정보는 몰라도 된다. 그런 것은 그냥 친해지면 차후에 다 알게 되는 것이다.

남자는 우뇌가 발달하여 이성적인 사항을 우선시한다. 그래서 그 사람과 친해지려면 그 사람의 데이터가 머릿속에 입력되어야 한다. 이 때문에 이름과 나이, 직업, 사는 곳, 재력이나 능력 등 개인정보를 알아야 마음이 열린다.

그러나 여자는 된장녀가 아닌 이상 대부분 그런 이성적인 데이터와 신상정보보다는 그 사람이 어떤 느낌의 사람인지를 먼저 본다. 그래서 이름도 모르고 아무것도 모르지만 느낌만으로 사랑에 빠져드는 것이다.

먼저 여성과 대화를 하거나 연락을 할 때에는 흥미 위주의 대화를 할 것을 권한다. 아무것도 묻지도 따지지도 말고 그냥 그녀가 좋아할 만한 소재와 흥미 위주의 대화를 한다면 그녀가 먼저 당신에게 개인정보를 공개하고 물어볼 것이다.

그래도 나는 그녀의 정보를 캐묻고 싶다면, 연락하는 첫날 말고 이틀이나 3일째 되는 날 물어보라. 그러면 훨씬 더 잘 가르쳐 줄 것이다.

또한 이 방법이 좋은 이유는 대부분의 남자들이 처음 만나자마자 호구조사부터 열심히 하는 반면 당신은 호구조사가 아닌 감성 코드부터 찾는 정말 보기 드문 남자가 되어 그녀에게 신선함과 특이함을 선사하게 되기 때문이다.

그러면 이 남자는 조금 다른 사람이라는 인식을 주게 되고, 그녀와의 관계를 더 유리하게 더 빨리 이끌어 갈 수 있다.

꼭 명심하기 바란다. 신상정보니 호구조사니 그녀랑 더 가까워지고 싶어 또는 다른 남자보다 뭐 하나 더 그녀에 대해 알면 더 가까워질 거란 착각을 하겠지만, 그런 건 본인 혼자만의 환상에 불과하다.

가장 중요한 진실은 얼마나 그녀와 감성 코드를 맞춰 흥미 위주의 대화를 해 그녀와 내가 친해졌는가, 오직 이것만이 연락을 죽지 않고 이어 가게 하는 것이라는 것과 개인정보는 시간이 지나면 자연스럽게 알게 되는 것들일 뿐이라는 점을 꼭 명심하기 바란다.

2부

문자와 전화
start 방법

1장 문자편
2장 전화편

1장 문자편

문자는 가장 보편적이고 부담과 투자 위험도가 적다.

여자가 번호를 주고 난 후 여러 가지 생각이 들 것이다. 혹시 '도를 아십니까?' 또는 '이상하거나 수상한 사람 아닐까?'라는 생각 말이다.

여자가 하는 생각들은 아래와 같다.

- 혹시 이 남자가 나를 데이트에서 납치하지 않을까?
- 내 몸만 원하고 버려지지는 않을까?
- 내가 임신하지는 않을까?
- 혹시 이 남자가 나를 스토킹하지는 않을까?
- 너무 갑자기 사랑에 빠지면 어떡하지? 난 아직 준비가 안 됐는데…….
- 내가 쉬워 보이나? 이 남자가 왜 나에게 말 걸었지? 내가

만만한가?

위와 같이 다양한 형태의 반응, 극과 극의 생각을 할 것이다. 들어 보면, 남자가 봤을 때 웃긴 얘기일 것이다. 그러나 여자는 상상의 동물이라 그런 생각을 미리 한다.

이와 같은 모든 부담감을 줄이고 여유를 줄 수 있는 것이 바로 '문자'이다. 요즘은 '카카오톡'이라는 것이 생겨, 더 쉽고 간편하게 문자를 주고받을 수 있게 되었다.

부담 없이 서로 의사교환을 할 수 있는 것이 문자의 가장 큰 장점이다. 다음은 문자로 여자에게 접근하여 친밀감을 형성할 시, 장단점을 나열한 것이다.

1. 문자의 장점

· 남녀 모두에게 서로 생각할 만한 여유를 준다.
· 답문에 대응할 수 있는 시간이 생긴다.
· 여자가 부담감을 덜 가질 수 있다.
· 천천히 친해지고 절차를 밟으며 다가가기 때문에 탄탄하게 친해질 수 있다.

2. 문자의 단점

- 영향력이 적다.
- 여자가 생각하기에 조금이라도 마음에 안 들면 바로 답장을 안 하게 된다.
- 나의 매력을 보여 줄 기회가 전화보다 적다.
- 글자 하나에 진행 전체가 흔들릴 수 있다.

2장 전화편

번호를 교환한 후 바로 전화하는 것은 극과 극의 결과를 낳게 된다.

나 역시 많은 여자한테 물어봤다.

"오빠가 만약 바로 전화했다면 어땠을 거 같아?"

많은 여자들이 아마도 안 받았을 거라고 대답했다.

오히려 자신에게 전화하지 않고 문자로 한 것을 잘했다고 얘기했다. 그러나 이것은 어디까지나 첫 연락의 시점이 지난데이트 후 잠자리나 연인이 된 후의 사이에서 들은 말이다.

처음 연락처를 교환했을 때는 남녀 모두 약간은 흥분하고 긴장한 상태일 것이다. 그 상태에서 여자의 여러 가지 심리와 문자가 무시당하는 여러 발생 원인을 한 방에 제거하는 방법은 전화밖에 없다.

전화는 여성이 알지도 못하는 당신에 대한 여러 가지 생각과 당신에게 별로 관심이 없어 문자를 무시할 가능성이 있는 상황에서 한 방에 매력과 신뢰를 쌓아 줄 엄청난 미사일과도 같은 것이다.

문자 주고받다가 언제 호감지수 올리고 친해져서 데이트 잡고 연인이 되겠는가?

속전속결이다. 바로 전화해서 속사포같이 유머와 매력을 보여주면 초반 연락은 그 전화 한 통으로 끝나는 것이다.

"만약 전화를 안 받으면 어떡하죠?"라고 나에게 분명히 물을 것이다.

그 열쇠는 바로 어프로치에 있다. 어프로치 시에 마지막으로 아래와 같이 말할 경우, 전화할 때 받을 확률을 높일 수 있다.

- 이따가 전화할 테니깐 꼭 받아주세요.
- 제가 문자보다는 전화에 강한 남자예요, 전화드릴 테니 받아 주세요. 더 즐거우실 거예요.
- 10분 후에 전화드릴게요.

어프로치 시에 전화에 대해 언급을 했고 내가 할 것이라는 것을 암시했으니, 여자가 당신에게서 올 전화를 은근히 기다리는 효과를 볼 수 있다.

30번의 문자보다 1통의 전화가 훨씬 남녀 사이의 관계 진전을 볼 수 있다.

그러나 전화 한 번 잘못하면 그동안의 사이조차 무너질 수 있으니, 전화는 양날의 칼인 셈이다.

1. 전화의 장점

- 남자의 연락에 큰 영향력을 발휘할 수 있다.
- 어프로치 시에 부족했던 매력을 한 방에 보충할 수 있다.
- 직접적 대화를 통해 신뢰와 편안함을 줄 수 있다.
- 그녀의 성향을 한 번에 알 수 있다.

2. 전화의 단점

- 안 받으면 엄청난 가치하락이 된다.
- 너무 들이댄다는 느낌으로 부담감만 키울 수 있다.
- 첫 통화에 대화를 잘못하면 그다음은 관계가 끝나게 된다.

3부

연락의 목적과
순서

1장 여자와 내가 서로를 알아 가는 Starting

이것은 너무나 당연한 말이지만, 초보자에겐 정말 중요한 것이다. 왜 여자와 연락을 잘해야 하는가에 대한 정의인 것이다.

여자는 어떤 장소에서 처음 알게 된 그 남자에 대해 호감은 조금 있지만, 첫인상을 제외하고는 어떤 사람인지 알 길이 없다. 첫인상만으로 모든 것을 상상해야 하고 판단해야 하는데, 중요한 것은 기존에 알던 남자들도 많다는 것이다.

그렇다면 만일 내가 연락을 대충한다면 어떻게 되겠는가? 그냥 문자 친구밖에 되지 않는다.

이것은 매우 불행한 일일 것이다. 그녀를 만나 유혹을 하기 위해 시간과 정성을 담아 연락을 하는 것이지, 10대도 아니고 문자 친구하려고 매력적인 여성의 번호를 얻은 건 아닐 테니 말이다.

연락의 처음 목적은 내 자신을 알리는 데 꼭 목적을 두어야
한다.

그녀에게는 연락하고 지내는 많은 남자 중에 나는 그중 한
명이며 나와 연락하고 뒤돌아서면 나를 잊을 것이다. 물론
내가 훌륭한 외모와 뛰어난 화술과 기타 매력기술이 있다면
상황이 달라지겠지만, 대다수의 남자는 평범할 것이다.

그래서 매력적인 여성의 마음을 얻기도 힘들뿐더러 연락처
를 물어보는 남자는 오늘 하루만 내가 N번째일 가능성도
높다. 따라서 연락처를 교환하면 무조건 적절한 시기에 연
락을 해야 한다.

그냥 스쳐 지나갈 거란 생각에 부담 없이 연락처를 주었지
만, 올바른 연락의 기술에 의해 적극적으로 연락한다면 여
성도 최소한 거기에 답장은 할 것이다.

이것이 바로 우리 인연의 시작이자 유혹의 시작인 것이다.

2장 Rapport를 통한 Attraction과 Comfort

이 말을 직역하면 친해지기를 통한 매력과 편안함을 쌓는 것이다. 왜 매력도, 편안함도 아닌, 친해지기부터 해야 할까? 만일 매력만 추구하게 된다면? 여자는 호감이 있어도 연락을 하는 데 자연스럽지 못할 것이다.

한 번 생각을 해 보라. 만약 당신이 미스코리아랑 알게 되어 연락을 한다고 가정해 보자.

너무나 기쁘고 설레지만 사실 어색한 나머지 문자 한 통 주고받는 데도 부담이 느껴질 수도 있다. 그래서 무슨 말을 하든 깍듯하게 말할 것이고, 자연스럽지 않은 대화로 인해 곧 연락이 두절될 것이다.

한 번 연락할 때마다 늘 긴장과 설렘이 공존할 것이고, 혹시 조금만 연락이 중단된 시기가 생기게 되면 다시 연락을 재기하고 싶어도 불편함과 부담감 그리고 어색함이 가로막을 것이다.

남자도 아주 매력적인 여성에게 많은 호감이 있어도 이 정도인데, 겁 많고 자존심 강한(특히 남자에게) 여자가 또한 매력적이기까지 하다면 주위에 남자들이 빠르게 그 빈틈을 차지하고도 남을 것이다.

만일 편안함만 추구한다면?

혹시 주위에 예쁜 여자랑 오랫동안 알고 지냈는데 그녀는 도통 나를 남자로 보지 않는 경우가 있는가? 그런 경우는 여러 가지가 있지만 대체로 이런 경우일 것이다.

둘이 또는 집단으로 많은 추억과 경험을 함께 나누었지만, 남자로서가 아닌 동료로서 함께했기 때문일 것이다. 그러나 사실 여기까지는 매우 좋은 진행이다.

그렇게 많은 추억과 경험을 함께 나누었다면, 다음에 들어가야 할 것은 seduction(유혹)이어야 한다. 그러나 많은 남자들은 그냥 주변에 그 상태로 존재하기에 더 이상의 관계 진전 없이 동료로 남게 된다.

이 상태가 오래되면 서로 성장 과정이나 많은 단점도 함께 봤기 때문에 더 이상의 이성적 매력은 사라지게 된다. 그러면 손도 잡고 같이 술도 마실 테지만 연인이 되지는 못할 것이다.

그러면 이제 답을 내리겠다.

매력과 편안함을 동시에 추구해야 하기 때문에 바로 친해지기에 주력해야 한다.

서로 다정하게 얘기하면서 정보도 교환하고, 점점 장난도 치고, 가끔은 진지한 얘기도 하고…… 이런 식으로 매력과 편안함을 동시에 쌓는다면, 그녀도 당신에 대해 좋은 감정을 유지하면서 연락하는 것이 점점 편해질 것이다.

연락은 반드시 매력과 편안함을 동시에 쌓아 가야 한다.

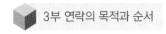

3장 서로에 대한 그리움과 환상

그리움과 환상은 연락의 핵심이라 할 수 있다. 혹시 채팅으로 만나 얼굴도 모르는 여성과 장기간 연락을 해 본 적 있는가?

연락이 계속될수록 서로에 대한 감정은 너무나 커져만 가고, 급기야 연인으로 발전될 수도 있다. 얼굴도 모르고 만나 본 적도 없는 사람과 말이다.

이것은 논리적으로 혹은 과학적으로 설명할 수 없는 인간의 기분과 감정이라는 것 때문에 가능하다. 얼굴도 모르는 이성과 연락을 많이 해 감정을 이끌려 사귀게 되는 건, 바로 서로에 대한 그리움과 환상 때문이다.

또한, 현실에서 한번 본 사이라면 채팅보다 오히려 더 자연스럽게 전화만으로도 사귈 수 있다. 왜냐하면 채팅 같은 경우는 사실 얼굴을 모르지만, 어프로치로 인한 차후의 연락은 1차 호감도에서 어느 정도는 합격한 것이기 때문이다.

그래서 어떤 장소에서 직접 어프로치하여 최소 한 번은 본 사이라면 서로에 대한 연락처 교환 및 많은 대화를 나누었으니 지속적인 연락과 대화를 통해 실제로 다시 만나 보지 않고 사귈 수 있는 확률이 더욱 높아진다.

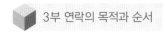

4장 연락의 최종 목적, 데이트

이 주제는 사실 많은 초보자 분들이 망각하는 것 중의 하나이다. 매력적인 여성과 어렵게 연락이 잘되어 많은 관계를 발전시켰더라 하더라도 감정이 최고조에 다다랐을 때 만남을 갖지 못한다면 그 감정은 쉽게 사라지고 말 것이다.

항상 내가 강조한 것이지만 사랑과 연애에도 때가 있다. 그 때를 놓친다면 결국은 멀어지고 말 것이다. 아무리 연락에 경험과 기술이 뛰어나고 화술에 능숙한 남자라도 여자의 마음이 한번 식어 버리고 돌아서게 된다면 그것을 되돌리기가 여간 힘들다는 건 말하지 않아도 알 것이다.

필자는 많은 수강생분들로부터 데이트를 어떻게 잡느냐는 문의를 많이 받는다. 여러 가지 많은 말을 해 드리지만 가장 쉬운 방법은 친해지고 난 후 자연스럽게 잡는 것이 중요한데, 데이트 약속을 잡는 구체적인 기술인 뒷부분 데이트스킬 단락을 기본으로 해서 발전시켰으면 좋겠다. 이것이 결론이다.

오히려 어렵게 뭔가 작업의 기술이 필요하니 부담되고 더욱 특별한 것만 찾게 되니 오히려 어렵게 느껴지는 것이다.

하지만 걱정하지 마라. 이 책에 나오는 여러 가지 기술들을 혼합해 친해지고 내가 제시하는 데이트스킬에 의거해 자연스럽게 만남을 제의하면, 여자는 데이트 약속에 흔쾌히 승낙할 것이다.

4부

평행 이론

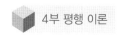

1장 물리적 평행 이론

물리적 평행 이론은 다른 말로 '행동 대 행동의 원칙'이다.

여자가 문자 한 통을 보내면 남자도 문자 한 통을 보내야 한다. 이것은 반드시 지켜야 할 규칙이다.

남자와 여자 사이의 기울기가 어느 한쪽에도 기울지 않게 평행하고 대등한 관계를 유지해야 한다. 반드시 그렇게 해야만 계속해서 연락을 유지할 수 있다. 그 이유를 이제부터 설명하겠다.

거의 대부분의 여자와 남자 사이의 기울기는 대부분 여자 쪽으로 많이 기울어진다. 왜냐하면 남자들은 평행의 법칙을 버리고 대부분 여자에게로 쏠리기 때문이다.

왜 이런 일이 생기는가? 바로 현실성 없는 드라마와 TV 그리고 영화, 소설 등 현실과는 너무나도 거리가 있는 미디어를 접하기 때문이다.

그리고 대부분의 구애니 대시니 어쩌고저쩌고하면서, 남자가 여자를 사랑하다 못해 목숨까지 걸겠다고 덤비게 되고, 그 결과 여자는 남자의 온갖 기운과 정신을 뺀 후에야 비로소 진심을 알게 되어 마지막엔 둘이 아주 해피 엔딩이 된다는 정말 말도 안 되는 '남자 죽이는 이야기'가 완성된다.

그러나 실제로도 그럴까? 결론만 말하자면, 아니다. 절대, 아니다. 이 모든 것은 바로 이 평행 이론에 달려 있다.

그럼 어떻게 해야 하는가?

먼저 이 점을 알아야 한다. 여자는 사실상 당신에게 별다른 감정이 없다. 아마도 거의 모든 여자들의 처음 만남은 당신이 뛰어난 외모나 화술을 가졌다고 했을 때, 조건만 보는 여성일 경우에는 엄청난 재력이 아니고서는 여자는 남자처럼 첫눈에 반할 일도, 호감도 급상승이라는 기적도 없다.

그래서 서서히 여자의 감정을 끌어올려야 한다. 왜냐하면 남자가 급하게 관계를 진전시키려고 한다거나 성급하게 작업을 걸면 여자는 부담스러워 도망가 버리기 때문이다.

처음 알게 된 사이일 경우, 그녀와 당신의 사이는 '0(제로)'이다. 그 사실을 인정하고 여자와 차근차근 사이를 좁혀 나가야 한다.

여자는 당신의 답장을 받고 난 후, 이 사람이 어떤 사람인지,

센스가 있는지, 왜 이런 표현을 쓰는지 등을 생각할 것이다. 그리고 쉬운 여자로 안 보이기 위해 또는 당신이 아무 비중이 없기에 답장을 늦게 보낼 것이다.

1. 물리적 평행 이론의 나쁜 예

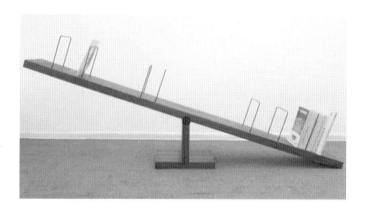

위 그림은 한쪽이 더 많이 일방적으로 기울어져 있는데 남녀 사이에서 남자가 더 많이 연락하는 모습을 표현한 것이다.

이렇게 되면 평행이 무너진다. 여기서 당신은 어떻게 할 것인가? 칼답장으로 또는 미친 듯이 전화를 할 것인가? 그렇게 되면 당신은 여자 입장에서 완전 이상한 남자가 될 것이다.

그녀에게서 답장이 없다면 올 때까지 기다려야 한다! 그러나 한 번 문자를 보낼 때 신중하고 센스 있게, 그리고 대답하기 쉽게 보내야 한다.

당장 그녀가 답장을 안 한다고 해서 전전긍긍하거나 초조해 할 필요는 없다. 당신이 최선을 다해 답장을 했다면, 그녀는 반드시 답장을 보낼 것이다. 그때까지 조금만 참아 보라.

5분만 참으면 답장을 받아 볼 수 있을 텐데, 그걸 참지 못하고 또 문자를 한다면 아마도 당신은 그녀에게 "나는 당신이 너무 좋아요.", "당신의 답장이 너무나 기다려져요."라는 흥미 없는 남자가 될 것이 뻔하다.

그러니 나는 쉬운 남자이고 당신과는 설렘이나 긴장감, 신비감이라고 전혀 없는 구애남이라고 말하고 있는 꼴이 된다. 여자 입장에서 얼마나 쉬워 보이고 가벼워 보이겠는가?

또한, 이런 걸 떠나서 남자가 문자를 했다고 하자. 여자는 요즘 한참 보고 있는 드라마를 기대하면서 핸드폰은 침대에 던져둔 채 거실에 나와 TV를 보고 있다.

그때 남자가 문자를 보냈다.

10분이 지나도 오지 않는다.

30분이 지나도 오지 않는다.

1시간이 지나도 오지 않는다.

그럼 대부분의 남자들은 그녀를 너무 좋아하는 마음에 폭주한다. 그리고 여자에게서 답장이 오기 전에 다시 핸드폰을 들고 문자를 보내게 될 것이다.

그러나 이것만은 명심하자. 그녀는 단지 드라마에 정신을 집중하고 있었던 것뿐이다. 이러한 상황에서 당신이 기다림을 참지 못하고 문자를 보낸다면, 그 역시 구애남 혹은 집착남이 되는 지름길이 될 것이다.

2. 물리적 평행 이론의 바른 예

여자와 남자의 연락하는 비율이 같아야 한다. 남자가 문자 1통을 하면 여자도 문자 1통 보낼 때까지 기다려야 한다. 이것이 안 되면 되게끔 만들어야 한다.

여자는 2분 만에 답장을 보내지만, 나는 분위기에 우리 사이에 따라서 10분 또는 20분 후에 보낸 적도 많다.

처음에는 의도하지 않았지만, 이것이 오히려 더 필요할 때도 있다는 것을 깨닫게 되었고 또한 전화를 하거나 일을 하다 보면 그럴 수 있기 때문이다. 그런데 더 신기한 것은 이것이 더 잘 통한다는 것이다.

예를 들어 "전 밥 먹었죠^^ 식사하셨어요?"라고 답장이 왔다고 하자.

10분 또는 30분 후에 "아~미안해요. 일한다고 ㅎ 네^^ 밥 먹었죠. 밥 먹었어요 ㅋ?"라는 답문을 보내게 되었다.

그럼 여자는 '이 남자, 뭐야? 장난쳐?'가 아니라 '이 남자는 여자나 꼬시는 남자가 아니라, 또는 자기 일에 집중하고 열심히 하는 남자구나!'라고 판단해 오히려 더 큰 믿음을 가지게 된다.

그래서 그녀가 바로 답장한다고 나도 바로 답장하는 것이 아니라, 내가 어떤 답장을 했느냐가 중요하다. 실제로 여자는 어느 정도에서 답장이 늦는 남자에게 더 호기심과 흥미를 가진다.

여자에게서 답장이 안 온다고 너무 불안해하지도 말고 온다고 해도 바로 답장을 하지 마라.

오히려 여성은 자신이 보낸 문자를 씹을 때 미치는 파급 효과는 더 클 것이다. 그러나 이것은 여자가 도도하거나 높은 자세를 잡을 때만 시간적 간격으로 답장을 보내며 밀고 당기기를 하는 것이다.

물론 사이가 좋아지는 지점에서는 당연히 많은 연락을 자주 주고받아야 한다. 다만 처음 만나서 친해질 때까지는 남자가 문자 1통을 보내면 여자가 답장 1통을 보내는 1:1 평행의 법칙을 반드시 지켜야 한다는 것이다.

여자가 답장 1통을 하거나 혹은 아예 보내지 않는데, 남자가 2통, 3통, 4통씩 보낸다면 여자는 질려서 달아나가나 부담스러워서 연락을 피할 것이다.

연속으로 문자하고 전화하면, 제아무리 꽃미남이라고 할지라도 싫어할 것이다.

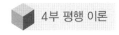

2장 감정적 평행 이론

대부분 연락하는 감정적 상태는 이렇다.

여자는 나를 편한 오빠로 생각해서 그냥 연락하는데, 남자는 여자를 사랑하는 마음으로 작업을 시작한다. 여자는 남자와의 연락에 큰 비중을 두지 않지만, 남자는 여자와의 연락에 목숨을 건다.

그래서 연락하는 것에 상대적으로 아주 쿨하게 생각하는 여자에 비해, 남자는 아주 민감하게 받아들이고 여자에게서 답장이 없으면 문자나 전화를 연타로 보내는 것이다.

그러면 여자의 대답은 보통 이렇다. "저 폰 이제 봤어요.", "전화 온 줄 몰랐어요." 이것은 당연히 거짓말이다.

이제부터 이런 악순환에서 벗어나는 법을 알려주겠다. 나와 여자의 감정적 상태를 먼저 살펴보자.

사람의 감정적 상태를 1~100%로 정의를 하자.

100%: 사랑하는 감정

80%: 좋아하는 감정

70%: 친한 사이 감정

50%: 호감 있는 감정

20%: 아는 사이 감정

1. 일반인의 연락 방식

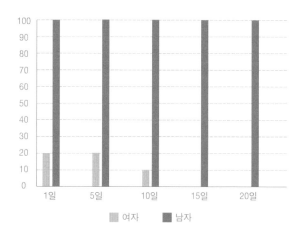

잘못된 연락 방식의 남녀 감정지수

보통 남자들은 예쁜 여자에게 작업의도를 100% 드러내고 연락을 한다. 매일매일 전화하고, 하루 종일 연락하고, 그렇게 해서 사이가 좋아졌는가?

대부분은 연락 두절이라는 결과를 만들었을 것이다.

상대는 아직 남자를 아는 오빠 정도로만 생각한다. 근데 100% 감정을 모두 드러내고 대한다. 그러면 상대는 부담스러워 점점 멀어지게 된다.

다음은 이러한 면모를 잘 보여 주는 예이다.

남자 : 혜교야^^ 밥 먹었어ㅋㅋ 요즘 바쁜가 봐.ㅠㅠ

여자 : (30분 뒤) 네

남자 : 그렇구나ㅠㅠ 요즘 무슨 일이야?^^ 오빠한테 얘기해
       봐.ㅎㅎㅎ

여자 : (답장 없음)

남자 : 왜 연락 안 해 무슨 일이야ㅠㅠ 전화 좀 받아~!!!

결국 그녀와의 관계는 서먹해지고 이 일 이후에 그녀는 당신과 점점 멀어질 것이다.

또한 이미 이런 연락으로 남자는 '내가 널 얼마나 좋아하는지 알겠지?'라고 보여 주었다고 생각할 수 있으나 이것은 여자의 입장에서는 "당신이 너무 절박하고 나는 여자 친구도 없는 매력 없는 남자로서 오직 당신이 나보다 높은 가치의 예쁜 여자입니다."와 같이 들린다.

그럼 여자는 남자를 자기보다 낮은 가치로 평가할 것이고, 당신에게 흥미를 잃을 것이다.

2. 작업남들의 연락 방식

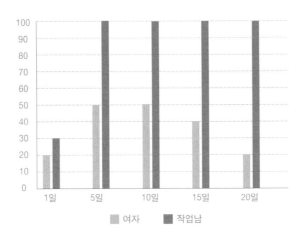

작업남 연락 방식의 남녀 감정지수

그나마 일명 연애 좀 하는 사람들 또는 바람둥이라는 남자들의 작업 방식은 이렇다.

처음에는 의도를 숨기고 여자에게 접근한다. 그리고 rapport와 comfort를 쌓는다. 그리고 친해지면서 조금씩 감정을 높인다. 남자의 입장에서 보았을 때 여성의 감정이 20(아는 오빠)에서 50(편한 오빠)으로 올라간다.

이것은 남자의 눈에는 아주 가시적인 효과이다. 남자의 입장에서 보았을 때 성과를 보았고 자신에게 넘어왔다고 확신하는 것이다. 그래서 혼자 착각과 상상의 날개를 달다가 연애하고 같이 잠자는 꿈까지 꾼다.

연락하면 여자는 아주 반응이 좋게 답장을 한다. 그리고 혼자 확신하고 고백한다.

"나, 너 좋아해! 우리 사귀자."

그러면 여자는 편한 오빠 동생 사이라고 생각해 왔는데, 남자의 갑작스러운 고백에 큰 충격을 받고 혼란에 빠지게 된다.

그리고 여자의 대답은 늘 이렇다.

"아직은 오빠동생 사이가 좋아요.", "아직 오빠를 잘 몰라요.", "누구를 만날 생각이 없어요."

이 말을 듣고 남자의 반응은 두 가지다. 계속 죽자고 구애를 하든지 아니면 좌절하고 포기한다.

그러나 운이 좋게 죽자고 구애해서 잘되면 다행이나, 대부분의 경우는 위에 나와 있는 감정의 그래프대로 갈 것이다.

3. 켄신의 감정적 평행 이론

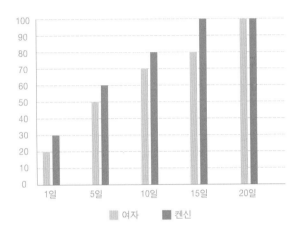

켄신 연락 공식의 남녀 감정지수

당신이 꽃미남이나 재벌의 아들이라고 해도 처음부터 여자가 당신에게 첫눈에 반해 온갖 높은 호감도를 보내면서 한 번에 만남이나 사랑이 이루어지지는 않을 것이다.

또한 대부분의 여자들은 아마도 감정 상태가 아는 오빠(감정도 20% 위 그래프 참조)에서 시작한다. 나 역시 처음부터 무작정 구애를 한다면 실패할 것이다. 처음에는 일명 작업이나 구애부터 시작하는 것이 아니다.

내가 비록 그녀에 대한 마음이 100% 사랑의 감정이라 할지라도 70%의 마음을 숨기고 일단은 그녀가 나에게 갖는 감

정 상태에 최대한 맞추거나 조금 더 높은 30%의 마음으로 대하는 것이다. (위 그래프 참조)

사냥꾼은 절대 사정거리 안에 먹이가 들어오지 않으면 사냥을 하지 않는다. 왜냐하면 필패(必敗)할 것이 너무나 자명하기 때문이다.

완전한 의도를 숨긴 채 그녀가 나에게 가지는 감정을 서서히 파악한다. 그리고 그녀가 나를 어떻게 생각하는지 아주 냉정히 파악한 다음 전략을 짠다.

그녀가 나에게 갖고 있는 감정지수보다 조금만 더 높은 감정의 에너지 레벨로 그녀를 상대하면서 즐겁고 편안하게 많은 rapport와 comfort를 쌓아 나간다. 사람은 누구나 다 감정이 있기 때문에 많은 얘기를 나눌수록 감정의 상태가 올라간다.

그녀가 너무나 마음에 들고 당장 가지고 싶더라도 천천히 의식과 무의식에 침투해 여자의 생활에 내가 차지하는 비중을 조금씩 넓혀 나가고, 때로는 천천히 때로는 빠르게 치고 들어가 정복하는 것이다.

감정의 지수가 50(편한 오빠)이 될 때부터는 그냥 사소한 얘기만 하지 말고 조금씩 남자로서의 모습을 보여 주고 약간의 작업성 멘트 등 관계 진전을 위해 본격적으로 노력해야 한다.

하지만 본격적인 유혹은 절대 70(친한 오빠)이 되기까지는 하지 말아야 한다.

연락으로 많은 얘기를 나누다 보면 아마도 50 정도는 될 것이다. 그리고 데이트를 잡아 직접 만나서 많은 얘기를 나누면 70은 될 것이다. 여기서부터 유혹이 들어가야 한다. 그렇게 해야 거절당하지 않고 그녀도 감정의 상태가 올라가 연애든 사랑이든 이루어질 것이다.

여자는 보통 편안함 속에서 나에게 연락하고 감정을 키워가지, 맞선 보듯이 사귀는 것을 전제로 연락하지 않는다. 데이트도 편안함 속에서 남자에 대한 호기심과 자신의 신변이 안전하다고 느낄 때 나오는 것이다.

5부

10가지 기술

1장 Sneak Talk

'sneak'는 '나도 모르게 빠져든다'는 뜻으로, 여성에게로부터 대화를 이끌어 내는 대화법이다.

여자 입장에서 생각하고, 여자의 흥미 위주로 대화를 해라! 가장 많이 하는 실수 가운데 하나는 여성에게 할 말이 없는 나머지 무례하게 신상정보를 캐물어 보거나 자신의 입장에서 얘기하는 것이다.

그녀는 당신이 누구인지도 모르는 상태이기 때문에 어떤 사람인지 일단은 알아보고 싶은데 남자는 여자의 정보만 캐고 있다면, 여자 입장에서는 매우 불안하면서도 흥미를 잃을 것이다.

당신의 원래 성격과 인성이 어떤지는 아무 상관없다. 자기 중심적이거나 이기적이라 해도 여성과의 연락 시에는 그녀에게 맞추어야 한다. 그녀가 호감 가는 말 위주로 대화를 전

개해 나가야 한다.

다양한 소재로 여자의 반응을 살피고 호응도가 높고 좋아하는 쪽으로 얘기하고 공감과 호응을 이끌어 낸다. 여자가 대답하기 쉽게 대화를 하는 것이 핵심 포인트이다.

물론 남자 입장에서 하고 싶은 말이 있을 것이다. 그러나 그것은 아주 친해지고 난 후에 자신의 얘기를 하는 것이고 처음 만나 친해지기까지는 여자가 당신을 대하기 편해야 하고 즐거워야 한다.

• 나쁜 예

남자 : 지현아, 나 오늘 권투시합 or 축구 봤어~

여자 : (뭘 어쩌라고~)

남자 : 오늘 학교 갔는데 교수님 아직 안 왔어~

여자 : (뭐라고 보내야 하지?)

남자 : 지현아, 나 레스토랑에서 스테이크 먹었다!

여자 : (약 올리냐)

• 바른 예

남자 : 지현아, 오늘 ○○○ 마지막회래 너무 슬픈 거 같아~ 그동안 정말 재미있게 봤는데 넌 둘이 어떻게 될 거 같

아? ㅎㅎ

여자 : 오빠도 그 드라마 봐요?ㅋㅋ 내 생각에는 남자 주인공이 떠나는 걸로 끝날 거 같아요.

남자 : 근데 큰일이야. 오늘 비가 엄청나게 올 수도 있다는데.ㅋㅋ 우산 챙겼어?

여자 : 네, 있어요^^ 어제 일기예보 봤는데 오늘 비 온대요ㅜㅜ

남자 : 역시~ 지현이 눈빛이 똘망똘망하다 했더니 준비성이 아주 철저하구나! 비 오는 날에는 커피 한 잔 먹어야 하는데. 그치?ㅋㅋ

여자 : 그렇죠? 비 오는 날에 커피 한잔하면 좋죠^^

남자 : 우리도 언제 비 오는 날 커피 한 잔 할까?ㅋㅋ

최소한 아무리 못해도 위의 예시 정도의 대화는 해야 한다. 그래야 조금씩 대화를 하면서 여자의 답장이나 말도 길어질 것이고, 상호 의사소통이 이루어질 것이다.

아래는 실제 문자 내용을 스크랩한 것이다.

켄신 : 변덕스러운 날씨, 보미 마음이랑 비슷한데요?ㅋㅋ

보미 : 제가 왜요ㅋㅋ

켄신 : 왠지 변덕쟁이일 거 같은데… 혈액형 뭐예요?ㅎ

보미 : 성격 좋은 O형이에요ㅋㅋㅋ

켄신 : 정말이에요?ㅎ 오빤 착하고 순수한 A형이야^^

보미 : ㅋㅋㅋㅋㅋA형이군요.ㅋㅋ

켄신 : ㅋㅋ말 놔도 돼요, 보미?

보미 : 안 된다 그럼요???ㅋㅋㅋㅋ

보미 : 편하게 하세요.^^

켄신 : 응ㅋ 알겠어. 보미는 어디 살아?ㅎ

보미 : 저 일산이요~~~

편안하면서도 유머러스하게 분위기를 조성하면서 나는 매너 있는 사람이라는 것도 보여 준다면 더 좋은 점수를 받을 수 있을 것이다.

2장 Mirroring (미러링)

이는 감정과 언어, 화제의 3요소를 같이 공유하거나 따라
하는 것을 말한다.

그녀가 느끼는 감정으로 같이 공유하고, 그녀가 쓰는 특정
단어를 따라 하고, 그녀가 좋아하는 화제에 같이 관심을 가
지는 기술이다.

예를 들어 여자는 친구와 같이 카페에서 케이크를 먹었다고
하자. 그 이야기를 꺼냄으로써 당신과 카페에서 커피 한잔
하고 싶다는 말을 간접적으로 얘기할 계획이었다. 그래서
그것이 좋은 추억이라서 당신에게 얘기하는데, 당신은 무엇
인가?

더 있어 보이고 싶어 카페에서 파는 케이크가 얼마나 바가
지이고 비위생적인지 아냐고 눈치 없이 가르치려 하거나 다
른 소리를 한다면, 그녀는 당신과 더 이상의 얘기를 할 의욕

을 잃을 것이다.

또한 당신을 똑똑한 사람이라고 생각하는 것이 아니라 아주 재수 없고 센스 없는 사람이라고 생각할 것이다.

화제, 감정, 언어를 동시 공감해 주어야 된다. 다음은 이 세 가지를 고르게 공감한 예시이다.

켄신 : 보라야, 친구들이랑 잘 놀고 있어?

여자 : 네 친구 집에서 놀고 있어요.

켄신 : 아~ 친구 집에서 놀면 왠지 편하고 더 아늑하지 않아?

여자 : 네^^ 그런 거 같아요.

켄신 : 그렇구나. 친구 집에서 뭐해?

여자 : 밥 먹고 있어요~ 통닭!

켄신 : 오? 통닭 완전 좋아하는데~ 간장치킨?

여자 : 반반치킨이요^^

켄신 : 와~ 나도 반반치킨 되게 좋아하는데~ 콜라랑 같이 먹어야 제맛이지!

여자 : 맞아요, 치킨엔 콜라죠.

켄신 : 언제 우리도 치킨에 콜라 먹으러 갈까?

여자 : 네^^

3장 간결하고 센스 있게

혹시 대화의 방식 중에 오감 화법이란 걸 들어 본 적이 있는가?

상상기법 또는 감정 토크 등 여성의 감정을 자극하는 대화술이 수도 없이 많다.

그러나 딱 하나, 바로 문자와 대화는 다른 것이다. 전화와 대화는 비슷하기는 하나? 또한 다르다. 그래서 이렇게 많은 문자 법칙들이 존재하는 것이다.

다음은 한 남자의 흔한 문자 내용이다.

오후 1시 10분

안녕하세요. 저번에 나이트에서 본 사람이에요.^^ 사실 그런 데서 만나는 게 조금 그렇기는 하지만, 사람은 어디에서 만나나 하는 것보다 어떤 사람인지가 더 중요하잖아요. 그쪽이 참 아름다우시고 제 스타일이라 꼭 한번 뵙고 싶네요.

오후 1시 30분
바쁘신가 봐요?^^ 밥은 드셨어요?

오후 6시
저는 이제 퇴근해요. 사람은 행복해서 웃는 게 아니라 웃어서 행복한 거래요. 피곤하시더라도 오늘 힘내시고 밥 꼭 잘 먹으세요.

다음 날 오전 9시
피곤하시죠? 오늘이 금요일이니 힘내세요.^^ 전 오늘 출장 가는 날이라ㅜㅜ
일찍 마치면 친구들이랑 신나게 놀겠네요~ 근데 요즘 날씨가 추우니 감기 조심하시고, 꼭 따뜻하게 입고 돌아다니세요.ㅎㅎ

오전 11시 전화 시도 - 받지 않음

오전 12시 전화 시도 - 받지 않음

왜 이렇게 될까?

처음부터 쿨하고 편안하게 연락을 하는 것이 아니라 감정의 평행 이론도 무시하고 5대 법칙도 어기고 다 어겼기 때문이다. 거기다가 문자로 몇 줄씩 아니 글 쓰다가 포토문자로 전환되는 엄청난 양의 무슨 통지서처럼 문자를 보낸다면, 여자는 아주아주 부담스럽고 짜증 날 것이다.

그렇다면 아래와 같은 문자는 어떨까?

- 오빠는 솔직히 예쁘고 몸매 좋은 여자보다 착하고 성격 좋은 여자가 좋더라.^^ㅋㅋ
- 오빠는 착한 여자가 좋아ㅋㅋ 잘해~ㅋㅋ
- 주말에 친구하고 부산에 갔었는데, 정말 경치 좋더라ㅋ 바다도 보고 술도 먹고 재밌게 놀다 왔지ㅋ
- 주말에 야외 가서 끝을 보고 왔지ㅋㅋ

이 정도 길이와 표현만 보내는 것이 모든 여성에게 가장 무난하고 좋을 것이다. 전화와 대화는 오감 화법을 동원해 〈모태솔로 탈출 작업의 정석〉에 나와 있는 감성적 서술형으로 이야기해야 좋지만 문자만은 예외이다. 문자는 핵심을 담아 간결하고 센스 있게 최장 세 줄을 넘기면 안 될 것이다.

5부 10가지 기술

4장 치고 빠지기

분위기가 절정에 다다랐을 때 이야기를 마무리 지어야 한다. 여자 흥미 위주의 얘기를 이끌어 낸 후 즐겁게 대화를 나누다가 한참 이야기가 진행될 때 대화를 급 마무리함으로써 여성에게 많은 아쉬움을 주는 것이다.

보통의 남자들이 생각하는 결정적인 잘못이 바로 '감히 내가 먼저 연락을 끊어도 될까?'라는 생각이다.

그녀가 바로바로 답장을 보낸다고 해서, 나도 계속적으로 바로바로 답장을 보낸다면 물론 빨리 친해지기야 할 것이다. 그것이 30통, 40통씩 그리고 밤새 통화한다면 물론 그날은 급진적으로 친해질 것이다.

하지만 그다음 날 다시 연락할 때 왠지 모르게 지겨운 느낌이 조금씩 생기기 시작하고, 갑자기 서로를 너무 잘 알게 되어 흥미가 떨어질 것이다.

조금씩 조금씩 감정을 끌어올리고 흥미가 절정에 다다랐을 때, 아래와 같은 방법으로 대화를 끊어야 한다.

"오빠 지금 과제해야 해서 이따가 연락할게."
"오빠 지금 보고서 작성해서 하는데, 이따가 연락할게."
"오빠 피곤해서 그러는데, 지현이도 잘 자.^^"

그러면 여자도 예의상 혹시나 실례가 될까 하여, 그 남자가 좋기는 하나 먼저 대화를 끝내지 못하고 있다가 남자가 먼저 이런 명분으로 대화를 자연스럽게 마무리를 짓는다면 여자도 오히려 이해하거나 고마워할 것이다.

그래서 하루 종일 그리고 밤새도록 통화하고 문자를 주고받는 것은 정말 필요하다고 판단되는 때, 예를 들어 그녀가 나를 의심하거나 너무 경계하여 진도가 나가지 않을 때, 내가 어프로치를 제대로 하지 않아 매력과 가치를 제대로 보여 주지 못했을 때, 첫 만남이나 첫인상이 좋지 않아 그녀가 나에게 별다른 흥미를 느끼지 못할 때와 같은 경우를 제외하고는 치고 빠지기를 적절히 사용하여 여자에게 나를 알아가는 즐거움과 기대를 심어 주는 것이 가장 좋다. 하루에 문자는 남녀 각각 20통 정도 주고받는 것이 가장 적당하다.

5장 표현과 정보에 주의하라

"잘자~☆/♡" 등 부담되는 표현은 금지. "상대의 이름을 잘 못 부르면" 한 방에 날아갈 수 있다.

1. 애칭 및 이모티콘에 주의사항

여자와의 많은 대화가 오가고 조금씩 친해지고 있다는 확신이 들기 시작할 때 남자들은 이렇게 생각한다.

'나에게 넘어왔구나!'

그러나 사실 여자의 마음은 이렇다.

'그냥 이상한 오빠는 아닌 것 같은데, 연락이 자주 오니 그냥 무시하기는 그렇고…… 대충 잘 받아 주어야겠다!'

이렇게 생각하고 대부분 답장을 하는 경우도 많다.

그래서 사실상 남자들이 생각하는 것보다 훨씬 더 여자의 감정과 호감은 낮을 확률이 높다.

남자가 그녀랑 편한 사이라고 생각하지만, 실제로 그녀가 생각했을 때는 그냥 아는 사이라고 생각하는 정도이다. 남자가 그녀랑 친하다고 생각하지만 실제로 그녀는 당신을 그냥 편하다고 생각하는 정도이다.

이 말의 결론은 남자가 생각하는 여자와의 사이는 실제로 남자가 생각하는 단계보다 항상 한두 단계 정도 낮다는 것을 말하고 싶다.

남자들은 여자가 조금만 잘해 주거나 호의를 베풀면 '나를 좋아하는가 보다'고 착각한다.

그러나 그녀가 확실한 증거(키스, 사랑, 연애)를 보이지 않는 이상, 우리 사이가 특별하다는 상상이나 판단 자체를 안 했으면 좋겠다. 또한 이성적 남녀 사이에서 자주 여성이 밥을 사거나 돈을 내는 행위는 호감이 있다는 증거이니, 이런 반응이 나오기 전까지는 그녀와 나의 관계를 특별하다고 확정 지어서는 안 된다.

그냥 연락을 자주 할 뿐인데, 한참 연락을 주고받다가 자기 혼자 감정에 북받쳐서, '우리', '자기', '잘자~♡', '안녕~♡'과 같은 표현을 쓰면 안 된다.

그럼 여자 입장(실제는 남자가 넘어왔다고 생각하는 정도의 사이)에서는 이제 조금 친해지고 괜찮은 오빠라고 생각하는 단계인데 이런 과도한 표현을 받고 싶지도 않을뿐더러 경계심과 부담스러움을 증폭시키게 된다.

2. 이름과 정보를 꼭 기억하라

연락하는 여성이 한두 명밖에 없다면 아마도 상관이 없을 것이다.

그러나 많은 여성을 상대하거나 계속해서 어떤 장소에서 여성을 유혹하고 만난다면, 여성의 특징과 정보를 꼭 기억해야 할 것이다. 왜냐하면 계속 여성을 만나다 보면 알게 되는 그 여성들의 정보는 늘어날 것이고 그로 인해 누가 누구인지 알 수가 없기 때문이다.

어떤 장소에서 계속 여성을 유혹하고 만난다면 수도 없이 많은 번호를 받게 될 것이다. 그래서 처음 만났을 때 시간적 여유가 된다면, 이름과 함께 그 당시 알게 된 그녀의 신상정보를 전화번호를 저장할 때 같이 적어 두길 바란다.

• 문자 예시

남자 : 너 요리는 잘하겠네?

여자 : 나? 잘못하는데…….

남자 : 어? 요리사라 하지 않았어?

여자 : 아닌데~

순간 많은 혼란과 정적이 감돌 것이고 분위기는 나락으로 떨어질 것이다. 만약 위와 같은 상황이 발생하게 된다면 절대로 당황하지 말고 자연스럽게 말하고 넘어가면 된다.

켄신 : 근데 왜 요리사가 연상되지?

여자 : 아닌데~

켄신 : 그래? 왜 나는 너를 요리사로 생각했을까? 아~ 흰색 옷이 잘 어울릴 거 같아서 그런가 봐. 너 요리 진짜 못해?

여자 : 응~ 오빠 딴 여자랑 헷갈린 거 아냐?

켄신 : 아니. 주변에 요리사 없는데? 왠지 너랑 요리하는 거랑 이미지가 겹쳐~ 신기하다. 근데 내가 요리 잘하는 여자를 좀 좋아하거든. 혹시 김치찌개 좋아해?

이처럼 적절하게 명분을 제시하고 화제를 전환하면 그만이다.

• 전화 예시

"지현이는 뭐 좋아해?"

"지현이는 누구야?"

여성의 기분은 급다운 될 것이며 분위기를 살릴 수 없게 된다.

통화에서 가장 중요한 것은 절대 흥분하거나 당황해서는 안 된다는 점이다. 왜냐하면 직접 목소리를 듣고 있기 때문이다.

따라서 자연스러움이 핵심이다.

"아, 내가 예전에 알던 퀸카가 있는데 사실 너랑 좀 말투나 외모가 비슷하거든. 그래서 순간 나도 모르게 말이 헛나왔네. 그건 그렇고 보통 몇 시에 자?"

라고 자연스럽게 말하고 적절하게 명분 제시와 함께 화제를 전환시키면 그만이다.

어쩔 수가 없다. 실수는 실수고 중요한 것은 그것을 자연스럽게 넘기는 것이 가장 중요하다. 만약 실수를 했을 때 오히려 여자에게 그 점에 대해 계속 사과를 하고 상기시킨다면 오히려 여자는 짜증을 낼 것이고 의심을 할 것이고 분위기는 더 안 좋아질 것이다.

그냥 자연스럽게 별일 아니라는 식으로 넘기고 핵심만 설명하고 바로 다른 화제로 전환하는 것이 더욱 좋다고 경험상 느꼈기 때문이다.

6장 쉬운 남자, 착한 남자는 NO!

여성이 급호감을 보여도, 절대 바로 사랑을 고백하거나 급진적으로 대시하지 마라.

그럼 여자는 달아난다. 평행이론에 맞게 정당히 대응하라!

보통 남자들은 여자들을 많이 접할 수 없을뿐더러 여자가 조금만 친절하게 대하면 날 좋아하는 줄 알고 너무나 쉽게 호감을 준다.

그래서 여자는 '아, 이 남자는 나를 좋아하고 나 정도는 이 남자에게 너무나 쉽게 통하는구나!'라고 생각할 수 있다. 거기다가 남자를 많이 상대해 본 여성이라면 아주 쉬운 게임이라는 것을 간파하고 남자에게 조금씩 흥미를 잃기 시작할 것이다.

- 나쁜 예시

여자 : 네^^ 오빠는 무슨 일하세요?ㅎ

남자 : 난 기계설비 쪽에 일해~^^ㅋㅋㅋ

여자 : 아~ 우와 기계 잘 다루시나 봐요~ㅎ

남자 : ㅋㅋㅋㅋㅋㅋㅋ나 기계 정말 잘해~ㅋ 넌 무슨 일해^^
ㅎㅎ

여자 : 전 그냥 디자인 쪽에 일해요~^^

남자 : 와우! 멋진데?ㅋㅋㅋ 무슨 디자인에 일해~?^.^ 궁금!

여자 : 웹디자인이요!

남자 : 우와^^ 그럼 컴퓨터 정말 잘하겠네???ㅎㅎㅎ

여자 : 네~그렇죠!

남자 : 어떻게 보면 너랑 나랑ㅋㅋㅋㅋ 비슷한 공대 쪽이
네?^^ 신기하다ㅎㅎ

여자 : 네.

남자 : 밥 먹었어?^^ㅋㅋㅋ 난 이제 먹으러 가ㅠ.ㅠ

여자 : 아니요.

이 예시가 무엇이 잘못됐는지 알겠는가? 바로 여성이 초반
에 많은 관심과 친절을 베풀었다는 이유로 무분별한 과대
호감과 이모티콘을 날린 것이다.

그럼 이렇게 얘기할 것이다.

"여성에게 당연히 친절히 대해야 하는 것 아닌가요?"

맞는 말이다. 그러나 매너 있고 부드럽게 대해 주는 것과 정말 가볍고 싸구려처럼 보이는 것은 하늘과 땅 차이다.

평행이론에 의해 여성이 보내는 호감보다 조금 더 높은 정도의 호감만 보여 주면 되는 것이다. 그래서 여성이 나에게 도전 의식 내지는 최소한 내가 가벼운 남자가 아니라는 것과 무엇보다도 즐거운 서로에 대해 신비감을 가지면서 알아가는 흥미와 재미를 보여 주어야 한다.

• 바른 예시

여자 : 네^^ 오빠는 무슨 일하세요?ㅎ

남자 : 난 기계설비 쪽에 일해.ㅎㅎ

여자 : 아~ 우와 기계 잘 다루시나 봐요~ㅎ

남자 : 그냥 조금ㅋ. 아무래도 공대 쪽을 나왔으니~ 넌 무슨 일해?ㅎ

여자 : 전 그냥 디자인 쪽에 일해요~^^

남자 : 디자인?ㅋ 왠지 어울리는데? 무슨 디자인이야~^^

여자 : 웹디자인이요!

남자 : 그럼 컴터 잘하겠네.ㅋ 일은 할 만해?ㅎ

여자 : 네^^ 할 만하죠~ 오빠는 어디서 일해요?ㅎㅎ

남자 : 난 강남 쪽에 사무실 있어~ 언제 강남에서 한번 보
      자^^

여자 : 네^^ 오빠는 식사하셨어요? 히히ㅋ

남자 : 이제 먹으러 가야지~ 넌 뭐 좋아해?ㅎ ㅎ

여자 : 전 아무거나 다 좋아해요^^

위의 내용에서 알 수 있듯이 같은 여성이지만 호감도를 적
절히 조절해 보내고(감정적 평행이론) 여러 가지 연락의 기술로
대화를 한다면 다른 출력과 반응을 나타나게 된다.

7장 Time-Anchoring

'Time-Anchoring'이란, 특정 시간이나 한가한 시간대만 연락하는 방법을 말한다.

• 하루에 한 시간 때만 정해서
예) "저녁 시간"에만 하는 게 잘 통한다.

• 앵커링 (Anchoring)
혹시 태극기를 볼 때마다 떠오르는 것이 있는가? 그렇다, 대한민국이다.
그럼 성조기를 볼 때마다 떠오르는 것이 있는가? 그렇다, 미국이다.
그 나라의 깃발을 보면 떠오르는 것, 그것은 오르지 학습에 의해서만 가능한 것이다. 학습효과가 되지 않았다면 어떤 국기를 보았을 때 그냥 알 수 없는 문양에 불과하다.
학습효과가 되었기 때문에 그 문양은 그 나라의 국기가 되고 상징이 된다. 그래서 그 국기를 볼 때마다 그 나라가 떠오르는 것이다.

이것을 연애에도 쓸 수 있다.
만약에 그녀랑 늘 강남에서 놀게 되면 어떻게 될까? 물론 지겨워할 수도 있지만, 훗날 강남을 생각할 때 나와의 추억이 묻어난 곳으로 기억될 것이다.
또한, 아직 사귀는 사이도 아니고, 그녀에게 그렇게 비중이 큰 사이도 아니기 때문에 연락해도 다른 경쟁자들에 비해 조금이라도 차별화되어야 한다.
그래서 그 많은 전략 중에 하나가 바로 '타임-앵커링'이다.
그녀의 일주일 일정을 한번 파악해 보라. 아마도 "평일 저녁에 한가하고 주말 낮에는 할 일이 없다"는 그녀의 일정을 알게 되었다.
그러면 남자는 비록 자신의 한가한 일정과 여유 있는 시간에는 맞지 않더라도 그녀의 한가한 일정에 맞춰 연락할 필요가 있다. 그녀가 조금이라도 한가한 시간대에 연락해야 더 집중적으로 많은 얘기를 나눌 수 있기 때문이다.

처음 만나서 아직 데이트 한번 못해 봤는데. 우리 사이에 무슨 친밀도와 신뢰가 있겠는가? 그러니 조금이라도 더 많은 얘기를 나누고 서로를 더 알아 가는 것이 필요하다.

'고자세'라는 것은 그녀에게 나는 가치 있는 남자라는 것을 알리기 위함이지, 권위 의식과 자존심만을 내세우는 것이 절대 아니다.

따라서 조금이라도 그녀가 한가한 시간대를 파악해 거기에 맞춰 연락해야 한다.

예를 들어 대부분의 직장인들은 퇴근하고 집에 와서 한숨을 돌리는 시간대가 10시쯤이라고 해보자. 그럼, 그때 연락을 한다면 그녀도 오늘 하루를 모두 정리하고 당신의 연락을 조금 더 편안하게 받아 줄 것이다. 그러나 직장인들의 아주 바쁜 출근 시간과 오전 시간 때에 연락을 한다면, 짜증만 낼 것이다.

반대로 밤에 일을 하는 여성일 경우, 자고 일어난 오후 시간 때나 퇴근하는 아침 시간대를 집중적으로 연락하는 것이 좋을 것이다. 밤에 한참 업무나 손님에게 시달리는데 밤 업무가 시작되는 저녁 9시~새벽 3시에 연락을 한다면 받기가 쉽지 않을 것이다.

그래서 연락을 하는 타이밍에도 전략이 있어야 하는 것이다.

8장 YES 세트

연속적인 "YES"를 이끌어 내라. 누구나 공감하고 수긍할 수 있는 얘기를 해서 긍정적 프레임을 설정한다.

여자는 남자랑 다르게 굉장히 신기한 점이 있다. 바로 한 번 허락하면 계속 허락하는 습성이 있고, 한 번 거절하면 계속 거절하는 습성이 있다는 점이다. 이러한 여자의 습성을 이용하는 것이다.

이 Yes 세트는 작은 것부터 조금씩 Yes를 받아내 큰 것을 받아 내는 원리로, 결론만 얘기하면 아주 간단하게 풀어쓸 수 있다.

원리는 아주 간단하다.

- 밥 먹었어? 네
- 일어났어? 네

- 학교 잘 갔어? 네
- 퇴근했겠네? 네
- 추운데 따듯하게 입고 다녀~ 네
- 더운데 집에 있어~ 네

그래서 점점 여자에게 계속 Yes를 받아 내고, 데이트스킬에서도 쉽게 Yes를 받아 내는 방법이다.

하지만 무리한 호구조사나 신상정보를 캐묻게 된다면, 처음부터 "Yes"가 아닌 "No!"를 받게 될 것이고, 여자는 감정적이고 분위기와 정서에 쉽게 좌우되기 때문에 "아니요" 또는 "다음에요"라는 말을 듣게 되면 남자에 대한 여자의 경계심은 조금씩 올라가게 된다.

여성과 연락을 주고받을 때는 무조건 긍정적인 얘기를 하고, 긍정적인 답변을 듣기 위해 노력해야 한다. 그렇게 해야지 친해지는 속도도 빨라질 것이며, 연락의 최종 목적인 만나자는 제안에서도 거절당하지 않는다.

9장 포토메시지를 활용하라

시청각을 이용하는 것만큼 각인과 영향력이 큰 것도 없다.
우리가 TV를 보는 이유도 이 때문이다.

포토메시지란 글을 엄청나게 길게 적어 포토메시지를 만드는 것을 말하는 게 아니다. 문자를 주고 받을 때는 어떠한 경우에서건 세 줄 이상이 되면 안 된다고 했다.

여기서 말하는 포토메시지란 시청각 자료를 이용하여 여자에게 그냥 문자만 받아 보는 것을 떠나 흥미와 즐거움을 같이 주는 것을 말한다.

문자 메시지에 느낌과 감동을 전달할 수 있는 것만큼 큰 의미는 없다. 왜냐하면 남녀가 처음 알게 되어 가장 부담 없이 서로 주고받을 수 있는 것이 문자이기 때문이다. 근데 그 문자에 느낌과 전달력까지 증폭시킬 수 있다면 정말 이것만큼 큰 효과가 없다.

예를 들어 설명해 보자.

1. 혜교야~ 커피 좋아해?

2. 혜교야~ 카페모카 좋아해?

자, 두 개의 메시지 사이에 차이가 느껴지는가? 여자가 느끼는 전달력은 그냥 단순한 1번 메시지보다 2번처럼 사진을 담은 메시지에서 더 크다.
이 커피가 정말 맛있고 예쁘게 생겼기에 여자는 상상하게 된다.
'아~ 커피 생각난다.'
그러면 자연스럽게 아래와 같이 문자를 이어 나갈 수 있게 된다.

여자 : 네 좋아해요^^ 맛있게 생겼다.

켄신 : 그치? 내가 먹고 있는 건데 찍어 봤어~ 너 보여 주
     려고^^

여자 : 아~ 혼자 먹기에요?

켄신 : 너 그럼 여기로 올래?ㅎㅎ

여자 : 아니에요^^

켄신 : ^^ 담에 같이 카푸치노 한잔하자~ (데이트 암시)

여자 : 네. or 언제요?

(두 개의 반응으로 나뉠 것이다. "네"보다는 "언제요?"라고 말하는 여자는
당신에게 더 큰 호감의 반응을 보이는 여자이다.)

'언제요?'라고 했다면 이렇게 답하면 된다.

켄신 : 음… 이번 주 주말이나 평일에 시간 돼?

위와 같은 방법으로 데이트 약속을 잡아나가면 된다. 하지
만 "나중에요"라고 해도 상관없다.

어차피 데이트에 대해 미리 암시를 한 것이고, 암시만으로
초반에는 충분하다고 본다. 이것은 그 말을 할 당시에 아무
효력이 없는 것 같아도 언젠가는 만날 수도 있다는 데이트
에 대한 언질이 되기 때문이다.

"주말이나 평일에 시간 돼"라는 말이 사실 "일주일 중에 언제 시간 돼?"라는 말과 동일하지만 그렇게 말한다면 너무 가벼워 보인다. 그래서 이렇게 말하는 것도 있고 다른 한 가지는 만약 "금요일 저녁에 시간 돼"이라고 범위를 정하거나 범위를 좁게 설정해서 여성에게 제시한다면 거절당할 확률이 높이기 때문이다.

데이트 약속을 잡는 기술은 데이트 기술에서 더 자세히 설명되어 있다.

10장 자격부여와 가치형성

여자의 직업과 학력에 대한 대처 방안이다.

혹시 의대나 법대, 명문대 다니는 여자를 만나 본 적이 있는가? 물론 있을 수도 있고, 없을 수도 있을 것이다.

대부분의 남자들은 그녀가 의대 다닌다면 "와우~ 언빌리버블!"이라면서 연신 칭찬을 해댈 것이다. 그러나 한번 생각해 보라.

당신이 아니더라도 그녀는 자신의 학력이나 직업에 대해 수많은 칭찬을 들어왔다. 그래서 그것에 집중하게 되면, 나역시 다른 남자들이랑 똑같은 반응과 존재가 될 수 있다.

1. 학력이나 직업이 좋은 경우

여성이 나보다 높다고 해서 그것을 깎아내리는 건 좋지 않다. 그냥 그 얘기를 듣고 바로 다른 화제로 넘기면 되는 것이다. 너무 그것에 굽실거리거나 헤픈 남자처럼 많은 호감을 주어서는 안 된다. 또한, 그 얘기를 듣고 바로 존경하는 태도로 돌변하는 식도 좋지 않다.

그냥 그 이야기를 들었을 때 아무렇지도 않게 받아치고 화제 전환을 하면 된다. 높은 직업과 학력의 여성에게는 그것에 대한 호감 선언을 되도록이면 하지 않는 것이 좋다.

켄신 : 근데 수현이는 무슨 일해?ㅎ

수현 : 저~ 의대 다녀요ㅋ

켄신 : 그렇구나… 칼질 잘하겠다ㅎ

수현 : ㅎㅎㅎ아니에요, 저 내과 쪽이에요.

켄신 : 왠지 해부학이 어울릴 거 같아ㅡㅡ+

수현 : ㅋㅋㅋㅋㅋ

켄신 : 근데 요즘 비가 너무 자주 오는 거 같지 않아?

수현 : 그러게요~ 4일 연속 오는 거 같아요.ㅎㅎ

2. 취업준비생 or 일반적인 경우

예1) 취업준비생일 경우

켄신 : 근데 은지는 무슨 일해? ㅎ

은지 : 저~ 지금 쉬고 있어요. ㅋ

켄신 : 아~진짜? 좋겠다~ㅎ

은지 : 뭐가 좋아요. ㅋㅋ

켄신 : 좋지~ 우리 맨날 볼 수 있잖아. ㅋㅋ

예2) 일반 직장인일 경우

켄신 : 근데 보라는 무슨 일해?ㅎ

보라 : 저 회사 다녀요~ 패션쪽에 일해요.

켄신 : 오~ 정말? 그래서 왠지 세련됐구나~

실제로 직업에는 귀천이 없으며 단지 사람들의 인지 차이일 뿐이다.

취업준비생 or 일반적인 경우 예시에서 특별한 의미와 가치를 부여해 주면서 기분을 좋게 한다. 그러면 여성은 자신의 직업이 대단하다고 생각하지는 않았지만, 남자의 특별한 반응, 즉 칭찬에 더욱 기분이 좋아지고 나를 더 좋게 생각한다.

6부

데이트 스킬

데이트에 대해 가장 남자들이 하는 오해 가운데 하나가 우리는 사귀거나 좋은 인연을 전제로 만난다는 생각을 가지고 여성에게 만났을 것을 권유하기 때문이다.

사실상 자신의 외모가 출중하거나 매력과 화술이 뛰어나지 않는 이상 초면에 여성에게 많은 의도를 드러내고 만남을 주선하는 것은 매우 부담스러운 일이다.

마치 데이트를 맞선 보듯이, 무슨 회사의 거래처 계약하듯이 잡는 것이다. 그 분위기 자체가 이미 여성에게 갈등을 안겨 주는 것이다.

여성의 갈등이 시작되면 여자는 상상의 동물이라 온갖 상상의 날개를 펴게 되고, 만나기도 전에 '혹시 도를 아십니까?', 다단계, 납치법, 변태 등 혼자 상상하다 지쳐 결국 데이트 당일 연락 두절이라는 행동을 취하게 된다.

물론 이러한 여성의 행동도 매우 잘못된 것이다. 아무리 원래 모르던 남자라 할지라도 일방적으로 그리고 정말 무례하게 만남 약속을 다 잡아 놓고 당일 날 연락을 두절하는 것은 비난받아 마땅하다. 그리고 그런 여자에게까지 예의나 매너를 지킬 필요는 없다.

원래 그런 신의도 없는 가벼운 여자라면 비난받아야 하겠지만, 만약 원래 그 여자가 보통 여자였는데 나의 잘못으로 데이트 약속이 성사되지 못했다면?

이러한 상황을 사전에 방지하기 위해 우리는 데이트 약속을 잡는 방법을 알아야 한다. 물론 데이트 약속을 잡고 난 후 실전 데이트 기술 및 대화루틴은 〈모태솔로 탈출 작업의 정석〉에서 심층적으로 다루도록 하고, 여기서는 연락에서 데이트 약속을 가장 이상적으로 잘 잡는 법에 대해서 알아보자.

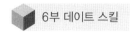

1장 데이트를 잡기 위한 사전작업

1. 반복적 암시

만남이라는 것은 서로에게 이끌려 그리움과 환상으로 만나는 것이다. 그래서 데이트를 인위적으로 갑자기 제시한다면 그녀 또한 갑자기 경계심이 높아질 것이다.

그래서 여성과 흥미 위주의 대화를 즐겁게 나누다가 중간중간 여성에게 만남에 대해 조금씩 반복적으로 언급을 하는 것이다.

켄신 : 성희야, 오늘 무슨 날인 줄 아니? (호기심)

성희 : 오늘요? 무슨 날이에요?

켄신 : 오늘이 무슨 날인 줄 몰라? (호기심2)

성희 : 네ㅠㅠ

켄신 : 오늘 일요일이잖아~

성희 : 아~ 뭐예요ㅋ

켄신 : 근데 너 놀리니깐 넘 재미있다ㅋㅋ (미끼)

성희 : ──ㅋ 재밌어요?

켄신 : 근데 원래 장난이라는 것은 직접 해야 되는 거야~
(암시1)

성희 : ㅋㅋㅋ그런가요? 저 놀리는 거 싫어해요.

켄신 : 알겠어~ 안 놀릴게. 근데 너랑 만나서 얘기를 하면
되게 재밌을 거 같아. (암시2)

성희 : ^^ 제가 원래 사교성이 좋죠.

켄신 : 오빠가 있기에 너의 성격이 빛을 발하는 거야. (자격부여)

성희 : ㅠㅠ 저 원래 말 못해요~

켄신 : 내가 가르쳐 줄게~ (미끼)

성희 : 뭘요???

켄신 : 너랑 더 친해질 수 있게… 내가 어떤 사람인지 알려
주고 싶어^^

성희 : 그래요ㅋㅋㅋㅋ

자연스럽게 유머를 통한 매력과 편안함을 유지하면서 만약
에 만나게 되면 지금처럼 아주 유쾌하고 재미있는 즐거운
대화가 될 것이라는 것을 간접적으로 암시한다.

그러면서 만남에 대해서 같이 언급하면서 약간의 야한 이야기도 첨가시킨다면 그야말로 종합선물세트일 것이다.

2. 주의사항

중요한 것은 남녀의 만남은 서로에 대한 흥미와 호감을 전제로 해야지, 오직 한 번의 만남만을 위한 미끼를 던지는 것은 오히려 역효과가 난다는 것이다.

특히나 물질적인 것이나 사대조공적인 자세와 관계로 만남을 제시하는 것은 돈만 직접적으로 제시하지 않을 뿐이지, 그것은 조건만남이나 마찬가지이다.

또한 물질적인 조건으로 만남을 제시하고 환심을 사는 것은 여성이 남성에 대한 물질적 의존도를 높일뿐더러 여성들이 남자를 항상 데이트 및 남녀 만남에 있어 물주로 보이게 하는 것에 일조하는 일이다.

여성과의 좋은 감정을 쌓은 뒤에 만남을 제시하면 될 텐데 어디서부터 나온 풍습이고 악습인지는 몰라도 물질적 · 조건적 이익을 앞세워 여자에게 미끼를 던져 만남을 제시하는 것은 남자의 연애와 사랑을 더욱 불행하게 만들뿐더러 힘들게 한다.

그래서 여자는 만나기 전에 온갖 간을 보고, 자신은 돈 한

푼 안 들고 나오고, 남자는 굽실굽실, 차 대접, 밥 대접, 술 대접, 대리운전까지 그리고 얻게 되는 것은 연락 두절.

그래서 여성의 호감과 감정을 높이고 자연스럽게 만남을 제시하는 연습을 해야 한다. 예를 들어 보자.

남자 : 성희야, 뭐해?ㅋㅋㅋㅋ

성희 : 일하고 있어요~ 아, 피곤해.

남자 : 힘내ㅋㅋㅋ 오빠가 맛있는 거 사 줄게.~^^

성희 : 맛있는 거요? 뭐요?

남자 : 음… 뭐 좋아해?ㅎㅎㅎㅎ

성희 : 아무거나.

남자 : 오빠가 스테이크 사 줄게~^^ 너 시간 될 때 언제든지 연락해ㅎㅎ

성희 : 네.

남자 : 보통 몇 시에 끝나?^^ㅋㅋㅋㅋ

성희 : 늦게요.

남자 : 그니깐 몇 시에 끝나?^^ 오빠 차 가지고 나갈게~ㅎㅎㅎ

성희 : 왜요?

남자 : 너 바래다주려고~ㅎㅎㅎ

성희 : 괜찮아요.

남자 : 잠깐이라도 보자^^

위에 예시를 내가 너무 과장했다고 생각하는가?

실제로 대부분의 남자들이 하는 행동이다. 물론 이렇게 말할 것이다. 남자라면 10번 찍어야지. 맞는 말이다. 남자로 태어나 한번 목표를 세운다면 10번이 아니라 1000번 10000번 찍어야 한다.

그러나 잘못된 도끼질은 안 된다. 아무리 노력해도 계란으로 바위를 부숴 버릴 수는 없는 것이다.

중요한 것은 올바른 방법으로 끝없이 노력을 해야 성공하는 것이고, 연애와 사랑 또한 두말하면 잔소리이다.

위의 예시가 왜 잘못되었는지 모르겠는가? 그러면 이 책을 다시 정독하길 바란다.

2장 줌아웃&줌인+더블 바인드

– Zoom Out & Zoom In + Double Bind

첫 문자부터 바로 "언제 한번 볼래요?"는 금지이다.
앞에서 얘기했듯이 먼저 만남에 대해 반복적 암시를 하는
것이 중요하고 그것이 사전작업이다.
대화를 어느 정도 한 후, 다음과 같은 문자는 어떨까?

"우린 얘기가 잘 통하는 거 같아. 그럼 우리 나중에 만나서
더 얘기하자^^ 이번 주말에 시간 돼?"

데이트 스킬에서 가장 중요한 것은 바로 자연스러운 대화
속에 자연스러운 만남을 제안하는 것이다. 그리고 지금처
럼 만나도 아주 유쾌하고 편안하고 절대 아깝지 않은 즐거

운 시간이 될 거라는 것을 간접적으로 암시하는 것과 동시에 나는 만날 만한 가치가 있다는 것을 보여 주는 것이다.

일반 남자들은 그녀와 한 번이라도 만나기 위해 아무 조건이나 제안 등을 무작위로 제시한다. 날 만나면 맛있는 거 사 주겠다는 물질적 조건을 내건다.

그러나 이것은 아주 안 좋은 방법이다. 이렇게 얘기하면 여자는 정말 밥만 얻어먹으러 나올 확률이 아주 크다.

그럼 어떻게 해야 할까?

실제로 내가 기술적으로 데이트를 제안할 때 아주 부담 없이 서서히 만남에 대해 언급하고, 자연스럽게 약속을 잡는다. 이 기술은 데이트 제안을 거절받더라도 실제로 그것은 거절이 아닌 내가 제안한 날짜보다 조금 뒤로 연기되었을 뿐이다.

이 기술의 원리는 바로 '줌아웃&줌인+더블 바인드,'를 첨가한 것으로, 매우 거절당할 확률이 적을 뿐더러 거절당한다고 해도 실제로 거절당해서 체면이 깎이는 일은 없다.

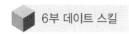

3장 줌아웃&줌인+더블 바인드의 공식

1. zoom out & zoom in

넓은 범위(줌 아웃)를 제시하고 점점 좁은 범위(줌 인)로 압축해 나가는 것이다.

두루뭉술하게 그리고 지나가는 식으로 데이트를 언급한다. 만약 여자가 데이트에 대해 부정적인 반응이 나온다면, 그냥 빠져서 계속 우리 사이를 발전시키는 데 주력하면 되는 것이다.

그리고 zoom out & zoom in의 방법으로 데이트에 대한 언급 시 부정적인 반응이 나오지 않는다면 double bind로 데이트에 대해 구체적으로 얘기하면 된다.

2. double bind

더블 바인드에는 두 가지가 있다.

첫 번째, 큰 것을 먼저 제시해 보고 만약 수락되면 그만이고, 만약 거절되면 그다음 것을 제안한다.

그러면 상대적으로 그다음 것은 더욱 작아 보여서 상대의 부담은 더욱 적어지게 하는 심리적 방법이다.

예들 들어 "은정아. 혹시 소맥 좋아해?"라고 큰 것을 제시했다.

여기서 "네. 좋아해요."라고 말하면 소맥에 대해 즐거운 얘기를 나눈 후 데이트에서 소맥을 나누어 마시면 되는 것이다.

만약 "전 소맥 싫어해요."라고 말하면 "그럼 소주 몇 병 마셔요?"라고 하면 되는 것이다. "소주 한 병이요."라고 얘기한다면 나중에 술 먹자는 제안에 거절할 확률은 아주 낮으며 일부러 "술 한잔할래요?"라고 제안하지 않아도 당연히 데이트에서 술 마신다는 무언의 암시가 되는 것이다.

두 번째, 양자택일을 시키는 것이다.

그러나 약자택일을 시키는 것은 어느 정도 호감이 있다는 전제하에서만 여자가 수락한다는 점과 영리한 한국 여자에게는 잘 통하지 않는다.

만약 "소주가 좋아요. 맥주가 좋아요."라고 양자택일을 시

컸다. 그러면 "전 소주가 좋아요."라고 한다면 소주 먹으면 그만인 것이고, 만약 "저 술 못 마셔요."라고 한다면? "그럼 밥 같이 먹어요."로 마무리 지으면 된다.

그럼 이제 예를 통해 보도록 하자. 먼저, 데이트에 대해 두루뭉술하게 지나가는 식으로 언급을 해 본다.

켄신 : ㅋㅋ 괜찮아, 보미는 사교성이 좋은가 봐ㅎ (미끼)

보미 : 왜요. ㅋㅋ

켄신 : 친구도 많은 거 같고… 오빠 말도 잘 듣고 맘에 들어^^

보미 : ㅋㅋㅋ오빠 말 잘 안 들으면 큰일 나겠어요.

켄신 : ㅎㅎ그 정도까지는 아니고… 보미야 언제 한번 봐ㅋ
(줌아웃)

보미 : 네. or 다른 답변

(여기에서 "네"라는 답변만 긍정 반응이고 다른 답변은 모두 부정 반응이다.)

밑에 두 가지 예시는 "네" 라는 긍정반응과 "다른 답변"의 부정반응에 대한 예시이다.

• 긍정반응

켄신 : ㅋㅋ 괜찮아, 보미는 사교성이 좋은가 봐ㅎ (미끼)

보미 : 왜요. ㅋㅋ

켄신 : 친구도 많은 거 같고… 오빠 말도 잘 듣고 맘에 들어
^^

보미 : ㅋㅋㅋ오빠 말 잘 안 들으면 큰일 나겠어요.

켄신 : ㅎㅎ그 정도까지는 아니고… 보미야 언제 한번 봐ㅋ
(줌아웃)

보미 : 넹^^ 언제 한번 봬요ㅋㅋ

켄신 : 주말에 시간 돼?ㅎ (줌인)

보미 : 이번 주요? (긍정 부정도 아님)

켄신 : 어… 잘생긴 오빠랑 한잔하자ㅎ (유머로 경계심 하락)

보미 : ???? 술 안 먹어!!!!ㅋㅋ

켄신 : ㅋㅋ (마음이) 잘생긴 오빠야.

보미 : ㅋㅋㅋ 그래 그건 인정해 볼게.^^

켄신 : 알써. (화제 전환) 그럼 이제 보미랑 재밌게 놀까나?ㅎ
(줌 아웃)

보미 : 언제요?ㅋㅋ

켄신 : 주말에 보자^^ (줌인)

보미 : 토요일은 약속 있는데ㅠㅠ

켄신 : 잘됐네. 나도 사실 토욜에 일 봐야 되는데. 금욜이
나 일욜 볼까? (더블 바인드)

보미 : 금욜 괜찮아요ㅋㅋ

• 부정반응

한참 후에 답장이 오거나, 요즘은 바쁘다고 한다면 이것은
모두 부정반응이다. 여자가 "네"라고 하지 않으면 다 부정
반응으로 간주해야 한다.

다음은 이러한 부정반응이 나왔을 때의 적절한 대처 방법
이다.

켄신 : ㅋㅋ 괜찮아, 보미는 사교성이 좋은가 봐ㅎ (미끼)

보미 : 왜요.ㅋㅋ

켄신 : 친구도 많은 거 같고… 오빠 말도 잘 듣고 맘에 들어
ᄉᄉ

보미 : ㅋㅋㅋ오빠 말 잘 안 들으면 큰일 나겠어요.

켄신 : ㅎㅎ그 정도까지는 아니고… 보미야 언제 한번 봐ㅋ
(줌아웃)

희진 : 다음에요.

켄신 : 근데 넌 무슨 과 나왔어?ㅎ

희진 : 무슨 과 나왔을 거 같아요?ㅎㅎ

부정의 반응이 나오면 바로 그 말을 받아서 화제를 돌려야 한다. 데이트에 대해 다시는 언급하지 말아야 한다. 사이가 훨씬 좋아질 때까지 말이다.

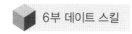
4장 Flake 원천봉쇄와 방지 기술

1. 확실한 제안 및 답변(SURE PROPOSAL & ANSWER)

여성은 남자들과 달라서 약속을 잘 지키지 않는다. 보통 남자들은 약속을 잡을 때, 다음과 같이 진행한다.

남자1 : 오늘 금욜 보자…

남자2 : 어디서?

남자1 : 홍대로 와.

남자2 : 알겠어~ 이따 밤에 연락할게.

이게 끝이다.

왜냐하면 반드시 오늘 밤에는 볼 거라는 걸 알기 때문이다.

그리고 이 약속은 거의 지켜진다.

그러나 여자들은 아래와 같은 패턴을 보인다.

• 약속 잡을 때

수희 : 현정아~ 이번 주 금욜 뭐해?

현정: 음… 할 거 없는데 왜?

수희 : 어머 잘됐다~ 그럼 우리 다정하게 홍대에서 밥 먹고 영화 보자^^

현정 : 그래 오랜만에 보는 거니깐 일찍 만나서 재미있게 놀자~

수희 : 그래^^

• (금요일)약속 당일

현정 : 수희 얘는 왜 연락이 없어~~

현정 : 수희야, 오늘 보는 거 맞아?

수희 : (연락 없음)

현정 : 오늘 안 볼 거야?

수희 : (연락 없음)

사실 여자들은 자기들끼리도 맹세하고 약속하고 그냥 어긴다. 또한 지각하거나 늦장은 아무 일도 아니다.

어떤 장소에서 직접 어프로치를 통해 알게 된 여성은 자신의 입장에서 약간의 호감은 있겠지만 모르는 남자를 만나는 것은 더더욱 약속의 신뢰성이 떨어진다.

또한, 당신과 약속을 잡더라도 더 좋은 약속이 생기면 아프다느니, 공부를 한다느니, 집에 일이 생겼다느니 온갖 변명을 대며 약속을 파기한다.

그나마 이런 변명이라도 얘기하면 신사이다. 그냥 연락을 무시하거나 끊어 버리는 여자들도 많다.

그래서 데이트를 잡을 때는 확실하게 몇 월 며칠 몇 시 어디서 만날 것인지 확실하게 약속을 잡아야 한다. 그럼 여자는 확실하게 기억할 것이고, 이 약속이 중요하거나 또는 비중 있는 약속으로 그나마 생각하게 된다.

2. 줌아웃&줌인+더블 바인드=확실한 P/A

· 첫 번째 예

켄신 : ㅋㅋ 괜찮아… 보미는 사교성이 좋은가 봐ㅎ (미끼)

보미 : 왜요…ㅋㅋ

켄신 : 친구도 많은 거 같고… 오빠말도 잘 듣고 맘에 들어 ^^

보미 : ㅋㅋㅋ오빠 말 잘 안 들으면 큰일 나겠어요.

켄신 : ㅎㅎ그 정도까지는 아니고… 보미야 언제 한번 봐ㅋ (줌아웃)

보미 : 넹^^ 언제 한번 봬요ㅋㅋ

켄신 : 주말에 시간 돼?ㅎ (줌인)

보미 : 이번 주요? (긍정 부정도 아님)

켄신 : 어… 잘생긴 오빠랑 한잔하자ㅎ (유머로 경계심 하락)

보미 : ???? 술 안 먹어!!!!ㅋㅋ

켄신 : ㅋㅋ (마음이) 잘생긴 오빠야.

보미 : ㅋㅋㅋ 그래, 그건 인정해 볼게^^

켄신 : 알써. (화제 전환) 그럼 이제 보미랑 재밌게 놀까나?ㅎ
       (줌 아웃)

보미 : 언제요?ㅋㅋ

켄신 : 주말에 보자^^ (줌인)

보미 : 토요일은 약속 있는데ㅠㅠ

켄신 : 잘됐네. 나도 사실 토욜에 일 봐야 되는데. 금욜이
       나 일욜 볼까? (더블 바인드)

보미 : 금욜 괜찮아요ㅋㅋ

위에 예시는 여기까지였지만 이후에 아래와 같이 확실하게
약속 장소를 제시해야 한다.

켄신 : 그럼 금요일 강남역 6번 출구에서 8시에 봐ㅋ (확실

한 제안)

보미 : 네^^ (확실한 답변)

• 두 번째 예

켄신 : 조금은ㅋ 재은이는 일하고 있겠네?ㅎ

재은 : 일하고 있죠ㅎ 저 내일 일 있어서 내일은 안 될 거

　　　 같고 모레 볼 수 있을 거 같아요ㅎ (거절)

켄신 : 알겠어ㅋ 내복 입어야겠다 추워~ (쿨하게 화제 전환)

재은 : 내복~ㅋㅋ입어요~ ㅋ

켄신 : 아직은 타이즈의 시대야…

재은 : ㅋㅋㅋㅋ좀 이르지 않나요?ㅋ

켄신 : 무릎 시려… (미끼1)

재은 : ㅋㅋㅋ벌써요?ㅋ

켄신 : 어깨도 시려… (미끼2)

재은 : ㅋㅋㅋ헉ㅋㅋ

켄신 : 재은이 시러… (미끼3)

재은 : 왜요ㅋㅋ

켄신 : 몰라… 빨리 시간 내~ (줌아웃)

재은 : ㅎㅎ 알겠어요~

켄신 : 수목 쉰다고 했지? 일 끝나고 보자ㅋ (줌인+더블 바인드)

재은 : 목요일에 괜찮아요ㅎㅎ

켄신 : 목욜 8시 괜찮아?ㅎ (줌인)

재은 : 네~ㅋ괜찮아요~

켄신 : 아… 미안, 일한다고ㅋ 목욜 8시에 건대에서 봐ㅎ

　　　 (확실한 제안)

재은 : 웅웅ㅋㅋ (확실한 답변)

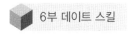

6부 데이트 스킬

5장 데이트 취소의 징후

만약 연락을 해서 데이트를 잡았다 해도 더 중요한 것은 데이트까지의 관리이다. 약속은 잡아 놓고 당일 날까지 연락을 하지 않는다면 약속은 자동 취소될 것이다.

그래서 데이트를 잡으면 계속 많은 얘기를 나누고 사이를 진전시키는 데 주력해야 한다.

연락의 가장 큰 포인트는 만나기 전에 최대한 할 수 있는 한 사이를 발전시키고 만나야 한다는 것이다. 그렇게 하면 실제로 데이트에서 빨리 관계를 진전시킬 확률이 훨씬 높아질 것이다.

여자들은 연락하는 동안에 이 남자와 어떤 정신적 · 감정적 교류를 해서 얼마나 친해졌느냐에 따라 데이트에서 속옷까지 신경 쓰고 나온다.

속옷까지 신경 쓰고 나온다는 말이 무슨 말인지 아는가? 오

늘 이 남자와 내가 어떤 something이 있을 줄도 모른다는 로
맨스를 생각하고 나온다는 말이다.

반대로 연락에서 사이가 그저 그렇고 그냥 심심해서 한 번
보는 사이가 되면, 진짜 여자는 그냥 나온다. 그럼 데이트
에서 제대로 유혹이 들어가도 여자는 갑작스러운 남녀사이
진전에 미처 준비가 안 될 수도 있다.

또한, 내가 수백 번의 데이트를 해 본 결과 체육복에 모자
쓰고 오는 여자들, 편하게 운동화 신고 오는 여자들 치고 유
혹을 쉽게 한 적은 없었다.

첫 만남에서 그녀를 정복할 정도는 대부분 나에 대해 설레
고, 그날 아침 옷에 신경 쓰고, 점심시간에 손톱 꾸미고,
퇴근해서 나를 만날 걸 생각하고 나오는 일명 '꾸미고 나오
는 여자들'이었다.

반드시 기억해야 할 것은 데이트 전날은 무조건 연락해, 우
리 사이를 재확인하고 데이트에 대한 약속을 재차 확인해야
한다는 것이다.

또한 데이트가 가까운 전날과 당일에 연락이 안 된다면, 그
것은 데이트 취소가 될 징후가 아주 크다. 당일 4시간 전에
미리 연락을 해서 연락이 안 온다면 취소될 것을 생각하고
다른 약속을 잡는 것도 괜찮다.

그러나 가끔 약속 시간까지 진짜 무슨 일이 있어서 또는 밤새 놀고 혹은 일하고 자느라 연락을 못 볼 수도 있으니, 당일 날 4시간 전쯤에 문자를 보내 보고 만약 답장이 없어도 더 이상 다그치지는 마라. 약속 1시간 전에 문자나 전화로 약속을 마지막으로 확인해 보라.

★ TIP! 데이트 스킬 공식

1. 반복적 암시
2. 줌아웃&줌인+더블 바인드=확실한 P/A
3. 데이트 기간까지 친목을 쌓을 것
4. 데이트 전날과 당일은 무조건 연락

7부

재생기법

재생기법은 일명 "죽은 번호 살리기"라고 하는데 연락에 답장이 무시당하거나 연락이 끊어진 것을 되살리는 방법이다. 여자가 나와 계속 연락을 하기 위해 만든 방법이다.

많은 수강생분들을 만나 봤는데 가장 많이 궁금해하고 물어보는 것이 이것이다.

그래서 재생기법은 꼭 기억해 두길 바란다. 앞에 내용과 중복되는 부분도 있지만 그만큼 중요한 기본 개념이다.

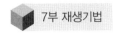

1장 여자가 딱 질리는 스타일

1.2~3통씩 답장하는 모습

2.불안해하고 조급해서 바로바로 답장하는 모습

3.조급함에 다그치는 모습

1. 두세 통씩 답장하는 모습

여자는 한 통 답장했는데 두세 통씩 자기 할 말이 많다고 문자를 보내는 모습이다. 이것은 10대 여자들도 딱 질리는 스타일로 뽑을 정도면 정말 말 다하지 않았는가?

물리적 평행 이론에서는 단순히 문자 비율을 1:1로 정했다. 그러나 사실상 그 이유는 여기 있었던 것이다. 여자들이 부담스러워 할 뿐만 아니라, 남자를 가볍게 보고 소위 '들이대는 남자'로 보기 때문이다.

또한, 여자는 그냥 부담 없이 짧게 문자를 했는데 엄청난 양의 문자를 몇 통씩 보낸다면 이상한 사람으로 볼 것이다.
단, 여성이 여러 번 문자를 보내는 것은 상관이 없다.

2. 불안해하고 조급해서 바로바로 답장하는 모습
17분 후에 여성에게서 답장이 왔다. 근데 남자는 애태우다
그 문자를 받자마자 1분 만에 답장을 했다. 여자는 20분 후
에 문자했다. 남자는 또 바로바로 문자한다.
혹시 이런 경우가 있는가? 이런 식의 문자를 하게 되면 여
자는 뭐라고 생각할까?
'아~ 이 남자가 나를 정말 너무 사랑해서 나에게 목메는구
나. 나도 정말 열심히 문자하고 오빠 기대에 부응해야지.'
절대 아니다. 여자는 이렇게 생각한다.
'이 남자가 나를 좋아하니 신경 써서 관리할 필요도 없고 그
냥 대충 대하면 되겠구나.'
그리고 그런 생각은 점점 무시로 바뀌게 되고, 그 남자를 대
충대충 대할 것이다. 아니면 부담스러워 점점 회신을 안 할
것이다.
스스로 그녀보다 프레임을 밑으로 해서 그 남자는 그 여자
에게 일명 잡은 물고기를 스스로 자처하는 꼴이 되고, 당신
은 점점 가치 없는 남자가 되는 것이다.

3. 조급함에 다그치는 모습

물론 당신이 싫어서나 별로 좋아하지 않아서 문자를 안 할 수도 있지만, 정말 바쁘거나 귀찮아서 안 할 수도 있다.

연락이라는 것은 상호작용이고 서로 간의 소통이다. 그런데 그것을 인정하지 않고 참지 못하고 다그친다면?

입장을 바꿔서 생각해 보라. 당신 같으면 짜증나지 않겠는가?

"바쁘신가 봐요~", "왜 연락 안 받아~"

이유는 간단하다. 당신이랑 연락을 하기 싫으니 문자를 안 보내는 것이다. 여자는 절대 좋아하는 남자에게 튕기거나 일부러 연락을 안 받는 그런 배짱은 없다.

그것은 남자들이 만들어 낸 자기 합리화의 허상이다.

그러니 그녀에게서 문자가 없으면 다그치지 말고 조용히 내버려두라. 그리고 다음 날 다시 문자를 해 보라.

다그치는 것보다는 기다리는 게 훨씬 좋은 선택이다.

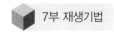

2장 문자가 씹혔을 때

다음은 반드시 지켜야 할 네 가지 법칙이다.

1. 절대 흥분한 상태에서 연락을 하지 마라!
2. 여자는 나의 고객이다. 끝까지 참고 인내하면 좋은 결과가 나온다.
3. 선을 반드시 지켜야 된다. 깔끔하고 젠틀한 모습에 마음을 연다.
4. 여자는 남자가 무서워지면, 바로 도망가 버린다. 영원히 게임 끝!

자, 그렇다면 문자가 씹혔을 때는 어떻게 해야 할까?
기다려라! 절대 그날 또 문자를 보내지 마라.
여자가 바쁘거나, 부재, 일부러 씹었을 때, 몇 번이나 연락이 온다고 생각해 보라. 믿음이 없고 신뢰가 없는 가벼운 남자는 여자가 딱 싫증 낸다.

나에게 수강하시는 분들 중에 연락한 것을 보여 주면서 갑자기 왜 연락이 안 되냐고 물어보신 분들이 가장 많다.

그런데 내가 봤을 때는 그녀가 문자를 안 한 게 아니라 단지 대화를 끝낸 것에 불과하다. 그냥 다음 날 다시 보내면 끝나는 것이다.

그러나 진짜 죽은 번호는 다음 날에도 그다음 날에도 연락이 안 된다. 이 경우는 사실 다양하다.

1. 올바르지 못한 답장을 한 경우
2. 갑자기 남자친구가 생긴 경우
3. 일이 생겨서 여유가 없는 경우
4. 귀찮아지거나 싫어진 경우

이렇듯 이유야 아주 많다. 이럴 때는 그녀에게 직접 요즘 왜 답장이나 연락을 안 하는 것인지 이유를 물어보는 것도 괜찮은 방법이다.

만약 여자에게 나와 연락하는 중간에 남자 친구가 생겨서 연락이 끊겼다고 가정하자. 그 이유를 모른 채 "왜 연락이 안 될까?"라는 생각에, 아무리 문자를 해도 안 되는 경우가 있다.

이럴 때는 이유를 물어봐야 한다. 보통의 남자들은 여자와의 연락이 끊길까 봐 조마조마해 여자에게 큰소리를 내지 못한다.

그냥 당당하게 할 말은 다 하라!

"왜 갑자기 연락 안 해?", "연락처 지워도 되지?", "넌 예의도 없니?", "원래 이런 식으로 연락 씹어?"

남녀 사이에 잘못된 형태가 무엇인가? 무조건 여자에게 호감을 받아내야 대단한 것이고, 여자에게 웃음을 주어야 한다고 하는 것이다. 그러나 그것은 그냥 보여 주기이다.

솔직히 아무리 예쁜 여자라 할지라도 버릇이 없고, 어떤 장소에서 처음 알게 되었다고 예의에 어긋나는 행동을 하는 여성이 있다면 할 말은 해야 한다.

또한, 갑자기 여러 가지로 심경의 변화가 생겨 그냥 귀찮아서 연락을 안 하는 경우도 있다.

그럴 때 지속적으로 연락을 하는 것은 옳지 못하다. 그냥 하기 싫어서 안 하는 건데, 그걸 가지고 누구를 탓할 수는 없는 일이다.

그러나 연락이 안 되는 가장 근본적인 이유는 처음 만났을 때 당신이 별로였던 것이다. 또한 첫인상이 좋아 연락처를 주고 받았지만 대화를 통해 실망하거나 별로라고 판단했기 때문이다.

가장 좋은 방법은 이 책에 나와 있는 연락의 기술을 바탕으로 실수하지 않는 것이 가장 중요하다. 유혹의 단계에서는 잘 보이는 것도 중요하지만 실수를 하지 않는 것도 아주 중요하다.

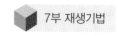

3장 죽은 번호 살리는 방법

죽은 번호를 다시 살렸다고 말하는 것은 사실상 실제로 죽은 것이 아니다. 정말 다시 살렸다는 것은 그녀가 일이 생겨 그동안 연락을 못한 것이다. 여자가 연락을 안 하기로 한번 마음먹으면 사실상 다시 돌리기 힘들다.

그리고 만일 다시 살린다 해도 예전의 사이는 기대하기 힘들다. 솔직히 말해 말 그대로이다. 유혹의 기술은 현실이지 마술이나 드라마가 아니기 때문이다.

사람이든 기계든 한 번 죽으면 다시 살릴 수 없다. 모든 세상의 법칙과 원리가 그렇다.

한 번 죽으면 그걸로 끝이지, 부활은 신이나 가능한 것이다. 물론 기계는 죽어도 다시 살릴 수는 있을 것이다. 그러나 그 기계가 그 후 원래 새것처럼 싱싱하게 작동하지 않는다.

그렇듯이 사람 사이도 한 번 나빠지면 거의 끝이라고 볼 수 있다. 특히 남자들끼리는 넓은 마음으로 그냥 넘어가는 친구 사이와는 달리 여자는 한 번 있었던 일은 죽을 때까지 기억한다.

이런 습성 때문에 당신이 한 번 실수나 잘못으로 번호가 죽게 되면 그걸로 사실상 끝이다.

그러니 절대 번호가 죽지 않게 대충대충 답장하고 관리하지 말고, 위의 많은 기술들을 잘 활용해 그녀와의 사이를 잘 관리하는 데 주력해야 한다.

그런데도 다시 연락을 하고 싶다면, 일명 '미끼문자'를 추천한다. 미끼문자는 다음과 같다.

- 안녕하세요. ○○택배에서 택배 왔는데 서지윤씨 되시죠? 택배 왔어요~
- 너 어제 ○○클럽 갔지? 춤 잘 추던데~
- 어제 내가 책을 읽었는데 우리 얘기 나오더라~ 사람은 3번은 만나 봐야 된대.
- 너 혹시 그거 아니? 사람이 한 번 마주치는 게 전생에는 100번을 스쳐야 된대~

- 문자 많이 씹으면 이빨 빠져~
- 네가 보는 이 문자 한 통은~ 평균 30번의 타자를 쳐서 보내는 거야.
- 너 혹시 해병대 나왔어? 잠수도 할 줄 아네.
- 네 무전기는 수신이 잘 안 되니?

★문자로 안 될 때는 다른 번호로 전화하라!

이 방법은 사실 사람마다 다른 생각의 차이는 있을 것이다. 여자는 호감의 단계에서는 남자에게 단 한 번의 기회만을 주기 때문에 연락이 안 된다는 것은 사실 자격 미달로 기회가 상실되었다고 봐야 한다.

내 번호로 전화한다면 어차피 그녀는 절대 받지 않을 것이다. 그래서 다른 번호로 전화를 하는 것이다.

그녀는 다른 번호이니 "뭐지?"라고 호기심을 그냥 받을 것이다.

이것이 그녀에게 나의 매력을 보여 줄 마지막 기회가 될 것이다. 다른 번호로 전화를 했을 때 그녀에게 절대 왜 연락이 안 되냐고 물어보거나 화를 내면 안 된다. 다음과 같은 말로 처음 대화를 시작해야 한다.

너 생각이 났는데 휴대폰의 배터리가 없어서 친구 번호로 전화하게 되었다고 처음 대화를 시작해야 한다.

그 후 절대로 안부 얘기만 하지 말고, 최대한 유머와 매력을 어필해야 하고 최대한 길게 즐거운 대화를 나눈 후 남자답게 이렇게 얘기하면 된다.

"너랑 친하게 지내고 싶은데 계속 연락하고 싶어."

이렇게 한다면 여자가 나에 대한 이미지와 생각을 바꿀 수도 있을 것이다.

최대한 길게 하고 여자에게 나에 대한 신뢰를 다시 살려야 한다. 연락이 왠지 끊길 것 같은 징후가 보인다면, 한 번 전화해서 사이를 미리 살려 놓는 것도 아주 좋은 방법이다.

그 여자에게 다른 남자가 접근해서 당신에게 흥미를 잃고 있는 중일 수도 있고, 아니면 당신 자체에게 흥미를 잃어 갈 수도 있다. 그럴 때는 전화로 많은 얘기를 나누고 감정을 다시 살려야 한다.

병이든 연애든 치료가 중요한 것이 아니다. 예방이 중요한 것이다.

연락이 계속 무시당할 때는 무조건 이 방법으로 딱 한 통만 해야 한다. 만약 안 받으면 솔직히 다른 방법이 없다. 한 번 안 받았는데 계속 전화한다면 사이는 걷잡을 수 없이 멀어질 것이다.

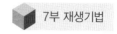

4장 데이트가 취소되었을 때

여자랑 약속을 잡고, 그 약속 날짜가 다가왔다. 그러나 약속 당일 그녀가 갑자기 약속을 취소하게 되었을 때 그다음 번호가 살고 안 살고는 남자의 반응에 달려 있다.

대부분의 남자들은 그 데이트를 이끌어 내기 위해 그동안 정말 많은 노력과 시간을 연락에 쏟아부었다. 그래서 얻는 결과물이 그녀와의 데이트 약속이다.

그러나 그 기쁨도 잠시, 그렇게 어렵게 잡은 데이트가 취소된다면 어떻게 될까? 남자는 신경질과 짜증이 갑자기 밀어오면서 허탈함까지 들 것이다. 그녀에게 너무나 절박한 당신의 심정을 어디로 표현할 방법이 없다.

그녀가 "오빠~ 오늘 못 볼 거 같아요."라고 문자가 오면, 남자들은 대부분 위에서 언급한 여러 상황 때문에 여자를 추궁하기 시작한다.

- 왜 무슨 일 있어?
- 잠깐이라도 보면 안 돼?
- 넌 내가 그렇게 쉬워 보이니?

그녀를 설득시키기 위해 정말 많은 말들을 한다. 그러나 내가 확신하건대, 여자가 데이트 취소 통보를 보냈을 때 그것을 다시 돌리기는 거의 불가능하다.

왜냐하면 그녀는 이미 마음을 확실히 정한 상태에서 당신에 그냥 통보한 것뿐이기 때문에 당신은 좋든 싫든 그냥 그것을 수용해야 한다. 일방적인 통보이다.

여성은 직접 마주 보고 얘기하는 사이도 아니고 연인 사이도 아닌 알고 지낸 지 얼마 되지 않는 남성에게 설득을 당할 일도 없을 것이고, 그 남자를 아주 큰 비중으로 생각할 일은 거의 없기 때문이다.

그럼 이제 데이트가 취소되었을 때 어떻게 하는지 행동 요령을 알아보자.

1. 절대 다그치거나 흥분하지 마라

여자가 약속을 취소했을 때는 여러 가지 이유가 있다.

당신보다 더 좋은 남자와의 약속이 생겼을 수도 있고, 당신이 그냥 마음에 들지 않아 나가기 귀찮아서일 수도 있고, 정말 일이 생겼을 수도 있다.

이유야 어쨌든 그렇게 통보한 그녀에게 계속 말을 한다는 것은 매달리는 꼴이나 징징대는 꼴밖에 되지 않는다는 것이다.

더군다나 흥분하거나 폭주한 상태에서의 남자를 보면 여자는 정말 도망가거나 더 이상 상대하고 싶지 않은 진상남밖에 되지 않는다.

데이트가 취소되었을 때 마음을 다스리고 심호흡을 하라. 그리고 평정심을 찾았을 때야 비로소 연락을 할 수 있는 것이다. 그러니 평정심을 찾을 때까진 참아야 한다.

데이트 취소 문자를 받게 되면 흥분한 상태에서 즉석으로 답장을 하지 말 것을 권한다.

그날은 아무 연락도 하지 말고 그냥 넘기는 것도 좋은 방법이다.

2. 아주 간단하게 반응하라

모든 여자가 귀찮거나 당신을 무시해서 약속을 어긴 건 아닐 것이다.

그녀가 만약 진심으로 약속을 어긴 것에 대해 미안해하거나 사과한다면 받아는 주어야 된다.

무조건 차갑고 고자세의 남자가 좋은 건 아니다. 적절한 밀당과 긴장감이 그녀를 당신에게 오게 한다.

먼저 아무리 생각하고 아무리 봐도, 그녀가 그냥 약속을 어긴 게 아니라 진짜 일이 생기거나 진짜 아파서 약속을 어긴 것 같다면 이렇게 하라.

지현 : 오빠, 오늘 못 볼 거 같아요ㅠㅠ

켄신 : 알겠어~

여기까지다. 여기까지만 하고 끝내야 한다.

만약 여기서 더 오래 얘기를 하게 된다면 어떻게 될까?

지현 : 오빠, 오늘 못 볼 거 같아요ㅠㅠ

남자 : 뭐라고? 알겠다~

지현 : 네ㅠㅠ 갑자기 일이 생겨서 담에 제가 밥 살게요^^

남자 : 아~진짜? 알겠어^^

지현 : 오빠는 그럼 오늘 뭐 하실 거예요?

남자 : 난 그냥 친구나 만나야겠다~

지현 : 네^^

이것도 틀린 말이 아니다. 좋은 문자다. 하지만 여자가 약속을 어겼는데 너그럽게 용서해 주는 것도 남자의 덕목이기는 하나, 여자는 반대로 이렇게 생각할 것이다.

"내가 조금만 애교를 부리고 조금만 노력하면 이 남자는 그냥 넘어가도 되는 남자이구나."

근데 의외로 이렇게 생각하는 여자들이 많다.

그래서 답문은 해 주되, 딱 한 통만 해 주라는 것이다. 더 이상 얘기하게 되면 쉬워 보이는 남자가 될 수도 있고, 만약 당신이 너무나 관대하게 자상하게 이 잘못을 넘긴다면 여자는 당신을 쉽게 보고 다음에 똑같은 잘못을 또 할 가능성이 높기 때문이다.

8부

44법칙

1장 44법칙의 원리

44법칙이란, 4일 연속 연락하지 말고, 4일 연속 연락 끊지 마라는 것을 말한다.

3일째 되는 날까지 연락하면 그다음 날은 쉬어라. 또한 바쁘거나 밀당을 해도 4일째 되는 날은 반드시 연락해라.

왜 이렇게 해야 할까? 일단은 이것이 말하는 원래 뜻을 살펴보자. 4일 이상 연락하지 말고 4일 이상 연락을 끊지 마라니? 이것이 무슨 말인가?

보통의 남자들은 거의 매일 연락한다. 계속 심지어 데이트를 잡고 만나기 직전까지 연락을 주고받는다.

이것은 물론 장점이 될 수 있고, 단점이 될 수도 있다. 그러나 내 경험상 그리고 주위의 경험상 매일매일 연락해서 안좋은 반응을 더 많이 봤다.

4일 이상 연락하지 마라는 이유는?

처음 연락처를 주고받았을 당시 그녀와의 사이는 3일이 가장 중요하다고 했다. 만일 4일째까지 연락하고 5일째 되는 날도 연락한다면 슬슬 지겨워지기 시작할 것이다. 따라서 4일째까지 연락하고 그다음 하루는 무조건 쉬어 주어야 한다는 것이다.

그러나 또 연락을 계속 안 하다 보면 잊히기 쉽다. 연락을 하루 이틀 쉰다고 해도 4일째 되는 날은 아무리 바빠도 반드시 연락을 해야 한다. 만약 4일을 넘기게 되면 그때에 나온 호감지수와 감정지수는 크게 하락할 것이다.

44법칙을 데이트까지 적용하는 방법을 표를 통해 살펴보도록 하자.

처음 번호를 받은 날로부터 3일 동안은 무조건 연락한다. 그리고 하루 쉬어 준다.

여기서 만약 내가 토요일에 데이트를 잡고 싶다면 화요일과 수요일에 많은 연락을 해서 최대한 친목을 쌓는다. 그리고 마지막에 데이트 약속을 신청한다.

금	토	일	월	화	수	목	금	토	일	월	화	수	목
1일차	2일차	3일차	휴식	연락	연락	휴식	연락	당일					

여기서 수요일 날의 연락에서 토요일 날의 데이트 약속이 수락된다면?

목요일은 쉬어야 한다. 그리고 데이트 전날과 당일은 무조건 연락을 하라고 했다. 그래서 금요일과 토요일(약속 당일)은 데이트가 취소되지 않게 연락을 하면 된다.

만약 수요일의 연락에서 데이트 암시를 했을 때 부정적 반응이 나왔다면 계속 친해지는 데 주력하면 된다.

금	토	일	월	화	수	목	금	토	일	월	화	수	목
1일차	2일차	3일차	휴식	연락	연락	휴식	연락	휴식	연락	연락	휴식	연락	휴식

금	토	일	월	화	수	목	금	토	일	월	화	수	목
연락	당일												

목요일은 쉬어야 한다. 그리고 가장 바쁜 토요일은 그냥 쉬는 게 좋다. 일요일 저녁이나 밤은 다음 일주일 시작하는 날이기 때문에 대부분은 집에 조용히 있는다.

이런 기회를 44법칙에 적절히 맞춰 연락했다 안 했다를 절묘하게 맞춰 할 수 있다.

그리고 다음 토요일에 데이트를 잡아야 하기 때문에 일요일과 월요일은 연락을 한다. 일요일, 월요일은 최대한 많은 연락을 해서 다시 친목을 쌓은 후 데이트 신청을 한다.

토요일 데이트가 잡혔다면 화요일, 목요일은 쉬어 주고 데이트 전날과 당일은 무조건 연락을 해야 하니 금요일과 토요일에 연락을 하면 되는 것이다.

2장 연락 안 한 지 4일째 될 때 연락 요령

알고 지내는 여성이 한 명이라면 이런 일은 없을 수도 있을 것이고, 바쁘거나 어떤 이유든 삼사 일 정도 연락을 못한 상황에서 다시 연락을 할 때 그녀가 혹시나 나를 잊지 않았을까 하는 절박한 태도를 보이지 말고 아무 일 없다는 듯이 자연스럽게 연락하라!

아마 그녀가 당신에게 좋은 감정을 가지고 있더라도 당신이 연락을 4일 동안 하지 않는다면, 아마도 이 남자가 이제는 나에게 관심이 없거나 또는 한순간의 감정이었다는 등의 생각을 할 것이다. 또는 아무 생각이 없거나 별 관심 없을 수도 있다.

이유야 어찌 되었든 중요한 것은 다시 연락을 시작하는 시점이다.

- 은지야, 오빠 요즘 바빠서 연락을 못했네ㅠ (×)
- 은지야, 요즘 잘 지내? (×)
- 아~요즘 바빠서ㅠ 요즘 연락 못해서 미안ㅠ (×)

위와 같이 약간은 분위기가 다운되거나 징징거리는 분위기, 미안해하는 분위기나 말투의 문자는 좋지 않다.

왜냐하면 여자는 당신이 오랜만에 연락을 한 것에 대해 반기기야 하겠지만, 당신이 마치 그녀가 당신의 연락을 기다렸다는 듯이 말하거나 당신이 연락하기 싫은데 의무적으로 마지못해 보냈다고 생각하기 쉽기 때문이다. 그래서 위의 이런 문자를 받게 되면 "뭐야 누가 연락 기다렸대? 왜 이래~"와 같은 반응을 불러일으키기 쉽다.

그래서 다시 연락을 재개할 때에는 아무 일 없다는 듯이 원래 너를 계속 생각하고 있었고 우연한 기회에 너에게 다시 연락하게 되었다는 것을 간접적으로 드러내는 것이 좋다.

그렇게 되면 여자도 "아~ 이 남자가 나를 계속 생각하고 있었고 사정이 있어 연락 못했구나. 그런데 나에게 이런 계기가 생겨 다시 연락하는구나."라고 생각하게 될 것이다. 따라서 합리적이고 설득력 있어 보이는 게 좋다.

또한, 특정한 날이나 그녀를 떠올리게 하는 것에 자연스럽게 연관시켜 다시 연락하면 되는 것이다.

- 수아야~ 뭐해?ㅋㅋ 술 마시니? 수아야, 너 생각난다ㅋ
  ㅋ (○)
- 오늘 강남 7번 출구에 왔는데… 너 생각나~^^ 뭐하고 있
  어? (○)
- 밤하늘에 달이 밝네~ 왠지 네 생각나게 하는 날이다. (○)

위와 같은 문자를 보내서 다시 연락을 재개하면 된다.

9부

음성게임

1장 무조건 전화받게 하기

먼저 그녀가 한가한 시간대에 "오빠 전화해도 돼?"라고 먼저 물어보라. 그리고 나서 그녀가 승낙하면 전화하는 게 좋다.

괜히 앞서 간다고 갑자기 전화했다가 안 받으면, 프레임만 낮아지거나 부담스러워 멀어질 수 있다.

전화를 해서 그녀가 안 받으면 '뭐 다음에 또 하면 되지'라고 생각하는 남자분들이 있을 것이다.

근데 이거 아는가? Yes 세트의 원리.

당신이 처음 전화를 해서 안 받는 것이 정말 그녀가 못 봐서 안 받았을까? 여자들은 화장실에서 볼일을 볼 때도 전화기를 손에서 놓지 않는다는 사실을.

알고 지낸 지 얼마 되지 않아 전화를 했는데 그녀가 받지 않는다는 것은 그녀와의 사이에 상당한 영향력을 미칠 것이다.

그래서 꼭 처음 전화를 했을 때 받는 쪽으로 상황을 만들고 받게 해야 한다.

그렇다면 받게 만드는 상황이 어떤 것인가?

명분이나 이유는 간단하고 위에서 배운 문자 연락하는 기술과 아래의 예시를 바탕으로 연습을 많이 해, 여성과의 문자 대화 시 노련하고 능숙한 남자로 자신을 끌어올려야 한다.

그리고 여성이 나에게 대해 호감과 편안함을 가질 때쯤(여성의 이모티콘과 반응 여부로 판단) 자연스럽게 물어보라.

"우리 전화 통화할래?"

여성이 허락하고 전화하면, 무조건 받게 되어 있다.

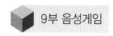

2장 음성전화의 몇 가지 기술

1. 처음 "여보세요"가 가장 중요하다

사람은, 특히 여자는 첫인상 첫 느낌을 아주 중요하게 생각한다. 그래서 음성 연락에서 가장 먼저 보이는 것이 무엇인가?

바로 "여보세요"이다.

이 "여보세요"가 왜 중요한지는 나 또한 여자들의 반응을 통해 알게 되었다. 아주 좋은 목소리로 "여보세요"를 멋지게 해 보라. 여성의 반응이 확 바뀔 것이다. 여자들이 좋아하는 목소리는 다음과 같다.

- 중저음의 목소리
- 밝고 명랑한 목소리
- 상냥하고 신뢰감을 주는 목소리

마치 내가 영화 속의 주인공이 되었다고 생각하고, 내가 낼 수 있는 가장 멋진 목소리 아주 정중하고 남자답게 "여보세요"를 해 보라.

여성이 금방 반응이 올 것이다. 아마 당신의 목소리가 성적 매력으로 다가올 것이다.

2. 첫 전화 통화 시 유의사항

예쁜 그녀와 많은 문자 연락을 통해 친해졌다. 그녀랑 친해지고 싶어 전화를 했다.

받았다.

그녀의 예쁜 목소리가 들려온다.

"여보세요?"

하지만 그녀 주변에서 들려오는 시끄러운 음악소리와 사람들의 웃음소리.

그럼 당신은 어떻게 할 것인가? 위에서 말한 나의 "여보세요"를 아주 멋있게 그리고 남자답게 할 기회조차 없을 것이다.

아마도 보통 남자라면 이렇게 할 것이다.

지현 : (시끄러운 음악소리와 사람들의 소리) 여보세요~

남자 : 어~ 여보세요. 여보세요. 어~ 지현아~~~

지현 : 누구세요?

남자 : 동건이 오빠야~

지현 : 아~ 네~

남자 : 지현아, 어디야? 왜 이렇게 시끄러워~

지현 : 네? 오빠 뭐라고요?

남자 : 어디야~ 주변이 많이 시끄럽네~

지현 : 네? 오빠~ 뭐라고요? 어디냐고요?

남자 : 어~ 뭐하고 있어~

대부분의 남자들은 이렇게 통화할 것이다. 왜? 그녀와의 전화 통화가 너무나 소중한 나머지 이렇게 하는 것이다.

그러나 그녀와 지금 통화하지 않아도 괜찮다. 그녀와 지금 수다를 떨지 않아도 당신이 그동안 쌓아올린 친밀함은 어디 가지 않는다.

중요한 것은 통화했을 때 내가 그녀에게 어떤 남자로 보이고 각인을 했는지가 중요한 것이다.

그래서 그녀에게 전화를 했을 때 주변이 시끄러우면 아주 점잖게 이렇게 말하라.

"주변이 되게 시끄럽네~ 지금 전화할 수 있어?"

안 된다고 하면 아주 쿨하고 멋지게 알겠다고 말하고 먼저 끊어야 된다. 만일 된다고 해도 아주 짧게 안부만 물어보고 먼저 대화를 마무리 지어라.

그녀가 전화를 못 받을 상황이면 무조건 문자를 하라.

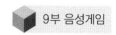

3장 전화로 알아보는 그녀의 반응

여자는 좋아하거나 반가운 사람이 전화하면 무조건 많은 얘기를 하려고 한다.

만약 당신이 전화했을 때 "저 일이 있어서 빨리 끊어야 되거든요?"라고 말한다면 그 말을 그대로 믿지 않길 바란다. 이 말은 당신의 전화에 매우 당황하여 전화를 빨리 마무리 짓기 위한 명분이다.

만약 전화를 했을 시 그녀가 무미건조하게 단답형의 대답만 하게 된다면, 이것은 부끄럽거나 원래 내숭이 있어서 혹은 말이 없어서가 절대 아니다.

그냥 당신이 '싫어서'이다. 이럴 때는 그녀가 전화를 먼저 끝내자고 하기 전에 더 빨리 선수를 쳐서 대화를 마무리 짓고 먼저 전화를 끊어야 한다.

쉽게 얘기하면, 내가 먼저 전화해 얘기하고 먼저 끊어 버리는 것인데 이렇게 하는 것이 여자에게서 "네", "네", "아니요", "아니요"와 같은 성의 없는 대답이나 "저 일이 있어서 전화 끊어야겠어요."라는 말을 들어서 끊는 것보다 100배는 좋다.

왜냐하면 만약 여자가 단답형으로 계속하고 당신은 계속 주절주절 얘기하다가, 여성에게 전화를 끊을 것을 제안받게 된다면 당신은 그냥 전화를 끊고 난 후 그녀에게 작업 거는 남자, 집적거리는 남자 등 귀찮은 남자의 이미지만 더욱 강하게 새겨질 것이다.

내가 분명히 말했다. 여자는 첫인상이 아주 중요하고 한 번 거절하면 계속 거절한다고 말이다. 여성의 이 습성을 반드시 기억하여 이미지 관리에 총력을 기울여야 할 것이다.

10부

고급 기술

1장 야한 이야기와 데이트 호감 측정

이 기술은 초보자들이나 중급자가 아닌 중상급이나 고수들에게 유용하다.

중간 이상의 수준이 되면 번호도 쉽게 받을 것이고 데이트도 쉽게 잡힐 것이다. 그러나 데이트만 나가면 새가 되어 돌아오거나 한 번에 CLOSE를 못하는 분들을 위해 존재한다.

먼저 데이트 나가기 전에 그녀가 어떤 감정의 지수를 가지고 있는지 파악해야 한다. 그냥 심심해서 나오는지, 내가 좋아서 나오는지, 아무 생각 없이 나오는지, 무슨 이유로 나오는지를 먼저 파악해야 한다.

그런데 대부분의 남자들은 그녀가 어떤 여자인지 데이트 당일 날 만나 보고 그녀를 알 수 있다. 그래서 이미 연락하는 중에 그녀의 심리와 감정을 측정해서 어떻게 데이트를 이끌어 나갈지를 예측할 필요가 있는 것이다.

먼저 연락 중에 최대한 친목을 쌓은 후 감성적 대화를 많이 해야 한다. 그리고 조금씩 성적인 대화에 대해 언급을 해 볼 것을 권한다.

그녀가 부정적이면 그것은 데이트에도 안 통할 가능성이 있다. 왜냐하면 여자는 남자에게 그냥 간만 보러 나오겠다는 의지가 분명한 것이기 때문이다.

만약 감성 대화를 한 후 성적 대화로 쉽게 넘어간다면 그것은 데이트에 그날 CLOSE할 확률이 높다는 것이다.

이를 파악하는 것이 중요한 이유는 여성에도 종류가 있고, 당신과 어떻게 될지 궁금해하기 때문이다. 또한, 성적인 암시는 네가 나랑 즐거운 시간을 보낸 후 멋진 관계를 맺을 수도 있음을 암시해서 여성으로 하여금 마음의 준비를 하고 나올 수 있게 하기 때문이다.

남자도 마찬가지이지만 여성의 경우, 남자보다 성관계 시에 더 많은 준비가 필요하다. 만약 당신이 연락 시 여성으로부터 평범한 호감과 친밀함을 이끌어 냈다면, 데이트 시 당일 날 CLOSE할 확률은 연락 때에 많은 호감과 친밀함을 쌓고 만나는 것보다 두 배의 시간과 노력이 들 것이다. 아니면 다음에 만나야 하는 수고로움을 가지게 될 것이다.

그리고 유혹할 수 있는 모든 장소에서 잠자리를 위해 만나러 나오는 여성이 가끔 있다. 이런 여성을 빠르게 구별하기 위해서는 연락할 때 성적 암시밖에 없다.

미리 성적인 농담과 감성적 대화를 해놓고 만난다면, 그녀 또한 나온다는 것 자체가 그것에 대해 어느 정도 준비나 마음이 있기 때문에 당신을 만나러 나오는 것이다.

켄신 : 근데 혜선아, 너 혹시 운동했어?

혜선 : 아니요~ 왜요?ㅎㅎ

켄신 : 그냥 그때 너 봤을 때 몸매가 좀 좋은 거 같아서…

혜선 : 아~ 아니에요^^

켄신 : 그래? 난 또 운동한 줄 알았지~ 특히 다리를 보면
       더 그런 거 같아~

혜선 : 제 다리가 좀 예쁘긴 하죠^^

켄신 : 혜선이 다리는 백만 불짜리 다리고 오빠 몸은 육백만
       불이야~

혜선 : 뭐예요~ 내가 더 비싸요.ㅎㅎ

켄신 : 그래? 그럼 어디 확인 한번 해 볼까?

혜선 : 어떻게요?

켄신 : 저번엔 잠깐 확인했으니 이번에 길게?ㅎㅎ

혜선 : 아~뭐예요ㅎㅎ

2장 만나자마자 모텔 직행의 원리와 기술

만나자마자 모텔 직행이라는 것은 사실 상식적으로 말이 되지 않는다. 그러나 이것을 가능하게 할 수 있다.

바로 환상과 명분만 있으면 된다.

또한 알아 두어야 될 것이 있다. 모든 여자들이 가능한 것이 아니라는 점이다. 만나자마자 모텔 직행이라는 기술은 꼭 모텔이 아니더라도 자취방이나 DVD방 등이 포함된다.

이것의 기본 전제조건은 일단 위에서 말한 야한 이야기가 부담 없이 이루어져야 된다. 이것을 하는 데는 두 가지 방법이 있다.

1. Sexual Talk를 뛰어넘어 Sex Talk를 해야 한다

야한 이야기를 한다고 해도 그냥 약간 야한 농담일 뿐이다. 그러나 이 수위를 더 높인다면 키스나 사랑에 대해 많은 얘기를 나눌 것이다.

그리고 수위를 더 높이고 이런 얘기에 익숙해지다 보면 섹스에 대한 얘기가 가능해질 것이다. 섹스에 대한 가치관과 경험 담 그리고 기술에 대해 서로 공유하는 대화에까지 이르게 될 것이다. 하지만 이 수준까지 간다고 다 되는 것은 아니다.

섹스에 대해 얘기할 때 그녀로 하여금 최대한 나에 대한 환상을 갖게 해야 한다. 그러면 여성은 남자들은 다 똑같지만 그래도 당신은 조금 다를 것이라는 기대를 하게 되고 당신과의 섹스에 대한 기대를 하게 될 것이다.

분위기가 절정에 다다랐을 때 적절한 명분을 제시해 모텔에서 보자고 하면 되는 것이다.

켄신 : 은주야, 근데 너는 몇 분까지 하는 게 가장 좋아?

은주 : 나? 나는 15분이 가장 좋던데… 오래하는 것 싫어.

켄신 : 진짜? 내가 딱 15분 하는데~ 신기하다!

은주 : 나는 짧게 여러 번 하는 게 좋아서~

켄신 : 너 최고 많이 한 게 몇 번이야?

은주 : 나 4번~

켄신 : 장난해~ 나 8번 한 적도 있어~

은주 : 진짜? 많이 하네~

(중략)

켄신 : 근데 은주야, 우리 왠지 너무 잘 맞을 거 같지 않아?

은주 : 응, 좀 그런 거 같아~

켄신 : 근데 내가 보니깐 우리는 속궁합만 잘 맞으면 끝날
       거 같은데?

은주 : 그런가?

켄신 : 응, 이따가 일 끝나고 나와^^

은주 : 알겠어~

켄신 : 깔맞춤(속옷색깔)도 하고 나오고…

은주 : 응.

켄신 : 우리 왠지 잘 맞을 거 같다~

은주 : ㅎㅎㅎ

켄신 : 이따 봐, 은주야~

은주 : 응!

2. 연락만으로 여친 만들기

연락만으로 사귀는 게 가능하다고 생각하는가? 결론만 말
하자면 가능하다.

왜냐하면 정신적 교감과 감정적 교류가 계속되면 여성은 환
상에 빠지기 때문이다.

매일 저녁에 그 남자와 깊은 얘기를 하고 많은 얘기를 나누다 보면 여성은 자기도 모르게 마음을 뺏기게 된다. 그래서 그 남자와 실제로 만나지는 않지만 매일 밤마다 데이트를 하는 착각에 빠지게 되고, 서로에 대한 환상과 그리움이 아주 깊어진다.

그 상태를 지속시키다가 야한 이야기를 하고, 조금 더 나아가 좋아한다는 호감 선언으로 간을 보고 반응을 지켜본다. 아마도 위에서 말한 이 정도의 연락 수준이라면 여성은 당신에게 빠져들었을 가능성이 아주 크다.

연락만으로 여친을 만드는 이유는 데이트에서나 실제로 만나 여성을 리드하는 데 부족하다고 생각됐을 때, 또는 이 여성이 높은 등급의 여성이라 만나서 승부를 보는 것은 승산이 없다고 판단했을 때 직접적으로 만나지 않고 다른 남자와는 다르게 만나자고 계속 제안하거나 부담스럽게 독촉하지 않고 투자비용이 적은 연락으로 조금씩 그녀의 무의식에 잠입해 나가는 것이다.

일단 연락만으로 사귀게 되면 만나서 CLOSE할 확률은 비교할 수 없을 만큼 높아지고 내 여자가 될 확률도 그만큼 높아진다.

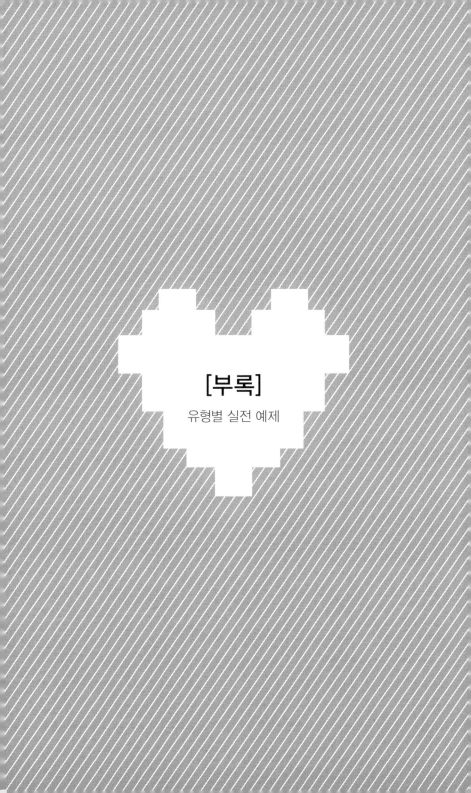

[부록]

유형별 실전 예제

유형별 실전 예제

여기에 나오는 여성의 이름과 정보 그리고 저자에 대한 관련 정보는 서적의 특성상 모두 가명으로 바꾸었습니다.

단, 여성의 직업이나 학과는 바꾸지 않았는데 직업과 학과까지 가명을 사용했을 시 저자와 주고받은 연락의 전반적인 유혹의 흐름과 느낌이 완전히 달라지게 되어 독자들에게 현실적인 연락 예제를 보여 주지 못할 것 같았기 때문입니다.

또한, 이것은 카카오톡의 실제 대화 내용을 그대로 붙였는데 여성과 저자가 일반인이라는 특성상 주고받은 내용에 오타와 바르지 않은 표현과 띄어쓰기가 많습니다.

최대한의 리얼리티를 독자들에게 전달하고 보여 주는 것

이 가장 중요하기에 올바른 표현법으로 일부만을 수정하였습니다.

이 점 양해 바랍니다.

#1 보수적이고 단답형 여성

- 키 170cm, 다리가 예쁘고 몸매가 쭉쭉 빵빵
- 예쁘고 스타일도 좋아, 많은 남성들에게 헌팅 당했음

가장 단답형이고 예쁜 외모와 몸매만큼 남자에 대한 경계와 테스트가 굉장히 높아 선정하게 되었습니다.

10월 6일

오후 09:29, 켄신 : 곰돌이 사진

오후 09:30, 켄신 : 안녕하세요^^ 친하게 지내고 싶어요ㅋ

　　　　　　(진심+순수한 남자의 콘셉트로 시작)

오후 10:58, 은지 : 지하에있어서폰이이제터졌어요…

　　　　　　(띄어쓰기도 안 하죠?ㅋ)

오후 11:00, 켄신 : 아 방가워요ㅋ 지하에서 뭐하셨어요?ㅎ

(자연스럽게 대화의 소재를 찾아 말을 시작하면 된다.)

오후 11:00, 은지 : 친구랑노래방갔었어요ㅎ

오후 11:01, 켄신 : 나는 노래방이다?ㅋㅋ

(당시 최신 유머를 응용한 것이다.)

오후 11:11, 은지 : 아…

오후 11:11, 은지 : 몇 살이세요??

오후 11:15, 켄신 : 아름다운 24살이에요.

(그녀의 나이와 균형을 맞춤과 동시에 나이를 소개
해도 약간 꾸며서 설명하는 것이 좋다.)

오후 11:16, 은지 : 아하

오후 11:16, 은지 : ^^

오후 11:25, 켄신 : 근데 스타일보니깐 예대 쪽일 거 같아
요ㅎㅎ (미끼+흥미)

오후 11:26, 은지 : 어??

오후 11:27, 은지 : 어떻게 알았어요?? ㅎ

오후 11:29, 켄신 : 왠지… 느낌이 들었어요ㅋ 맞췄으니 밥
사요. (컴포트+유머)

오후 11:31, 은지 : 뭐예요…

오후 11:35, 켄신 : 장난이에요ㅋ 집에 왔어요?ㅎㅎ (화제 전환)

오후 11:42, 은지 : 네~~^^

오후 11:47, 켄신 : 제가 보니깐ㅎ 그쪽은 왠지 O형 같아
요ㅋㅋ

(가볍게 헌팅이 아닌 너를 주의 깊게 봤었고, 진심
으로 관심이 있다는 느낌과 함께 또다시 대화 소재
가 없기에 화제를 전환함)

또한 그녀와 연락이 잘되었다가 갑자기 연락이 없다고 흔들
릴 필요는 없다. 그녀는 분명 잠들었을 것이다. 난 알고 있
었다.

10월 7일

오전 10:29, 은지 : A형이에요…^^

오전 10:29, 은지 : 어제일찍자버려서이제봤어요ㅎ (예상
적중)

오전 10:55, 켄신 : 아하… 글쿤요ㅋ 왠지 밝고 명랑할 거
같아서ㅎㅎ

(그녀가 실제로 그런지는 중요하지 않다. 그냥 칭
찬 한번 해 주는 것이다. 왜냐하면 할 말이 없기 때
문이다.)

오전 10:58, 은지 : ㅎㅎ 그런 성격은 O형이에요??

(대화에 조금씩 참여하기 시작함)

오전 11:01, 켄신 : A형이나 O형이 그렇더라구요ㅋ 전 무
슨 형일 거 같아요?^^

(화제에 대해 얘기하고 다시 그녀에게 질문을 던짐)

오전 11:13, 은지 : A형이요^^

오전 11:19, 켄신 : 허걱… 대단하신데요?ㅋ 제가 순수해 보
이나요?(부ㄲ)

오전 11:20, 은지 : 음… 헤헤^^

오전 11:22, 켄신 : 사실 그쪽이 궁금한데. 더 친해지고 싶
어요. ㅎㅎ

(더 이상 대화의 소재가 없어~ 유머와 부드러움을
첨가한 호구조사 시도)

오전 11:22, 은지 : 뭐가요…?ㅎ

오전 11:23, 켄신 : 어디 살아요?ㅎ

오전 11:25, 은지 : 일산요^^

오전 11:28, 켄신 : 완전 가깝네요~ 전 강남에 사는데ㅋㅋ
대박…

(실제로 강남과 일산은 매우 멀리 있으나 무조건
가깝다고 함. 유머 멘트)

오전 11:33, 은지 : 저 서울사람 아니어서 서울 잘 몰라요ㅜ

오전 11:36, 켄신 : 사실 멀어요ㅋ 어디서 왔어요?ㅎ

　　　　　　　　(유머가 통하지 않았지만 걱정할 필요 없다. 대화

　　　　　　　　를 마무리하고 그냥 다시 화제 전환을 하면 된다.)

오전 11:36, 은지 : 울산이요^^

오전 11:39, 켄신 : 저도… 사실 수원에서 왔어요ㅎ

오전 11:40, 은지 : 수원 어디요??

오전 11:41, 켄신 : 인계동에 살았어요^^

오전 11:43, 은지 : 아…

오전 11:43, 은지 : 몰라요ㅎ

오전 11:45, 켄신 : ㅋㅋ 서울 어때요. 재밌어요?ㅎ

　　　　　　　　(할 말 없으면 그냥 대화를 받고 다시 되물으면 된다.)

오전 11:49, 은지 : 그럭저럭이요^^

오전 11:50, 은지 : 적응돼가요^^

오후 12:02, 켄신 : 다행이네요ㅋ 전 문화 차이 빼고… 살

　　　　　　　　기엔 좋네요ㅎㅎ

오후 12:05, 은지 : ㅎㅎ전이제울산가면어색해요…

오후 12:09, 켄신 : 울산은 어때요?ㅋ 한 번도 안 가 봐서…

　　　　　　　　궁금해요ㅎㅎ

　　　　　　　　(그녀의 고향이 울산이니 울산에 대해 대화 초점을

맞춰 보는 것이다. 대화 소재)

오후 12:09, 은지 : 그냥 서울에 비해선 촌이죠…

대화를 계속 이어 나가려고 했으나, 경상도에서 와서 그런
지 말도 잘 안 하고 보수적이다.

그리고 문자도 성의 없이 보낸다. 이 상황에서 계속 얘기하
는 것은 무의미하다고 판단하고 또한 어느 정도 대화의 양
도 채웠으니 오늘은 여기까지 대화하고 내가 먼저 연락을
마무리 지었다.

10월 8일

오전 11:25, 켄신 : 하이^^ 즐거운 토요일이에요ㅋ

                 (평범한 대화의 시작)

오전 11:26, 은지 : 그렇네요^^

오전 11:30, 켄신 : 전… 부산 가요ㅋ 친구 만나러ㅎㅎ 부럽
                 죠?ㅋ

                 (얘기의 화젯거리를 만들기 위해 부산이라는 것을

                 잡았다. 그와 동시에 '부럽죠?'를 같이 넣어서 그녀

                 에게 센스 있는 대화 참여를 유도했다.)

오전 11:50, 은지 : 네… 전 일해요ㅜ

오후 12:05, 켄신 : 아하^^ 주말 알바하시는군요ㅋ

> (내가 부산이라는 소재로 대화를 준비해도 여성이 자신은 일하고 있다고 했으니 자연스럽게 그녀의 화젯거리에 초점을 맞추어야 한다. 왜냐하면, 그녀가 하고 싶어 하는 대화를 해야 대화가 더 잘 이루어지기 때문이다.)

오후 12:06, 은지 : 원래 평일도 다했는데 학교다니니깐 요…^^

오후 12:11, 켄신 : 아… 무슨 일해요?ㅎ 저도 알바해요ㅋ

> (그녀의 대화를 받고 다시 되묻기)

오후 12:35, 은지 : 패션쪽이에요^^

오후 12:40, 켄신 : 멋져요ㅋ 전 카메라 촬영 알바해요^^

> (그녀의 직업이 대단하면 오히려 의식하지 않는 것이 좋다. '멋지다'라고 말을 한 이유는 그녀의 직업이 남자들이 그냥 보통으로 생각할 수 있기에 아주 좋은 반응을 보여 주어야 한다. 그러면 여성은 남자가 자신의 직업이 대단하고 생각하지 않았지만 나의 반응에 더욱 기분이 좋아지고 나를 편하게 생각하기 때문이다. 오히려 높은 직업의 여성에게는 직업에 대한 호감 선언을 안 하는 것이 좋다.)

오후 01:05, 은지 : 아 진짜요??

오후 01:33, 켄신 : 네ㅋ 웨딩 촬영해요… 각도의 예술ㅋ

　　　　　　　(그냥 웨딩 촬영도 좋지만 뒤에 '각도의 예술'이라
　　　　　　　는 멘트만으로 이 문자는 더욱 센스가 있어진다.)

오후 01:34, 은지 : 멋지네요^^

　　　　　　　(왜 멋지다 했을까? 이것은 내가 앞에서 여성의 직
　　　　　　　업에 대해 먼저 칭찬해 주었기 때문이다. 그래서
　　　　　　　이 여성은 기분이 좋아졌고 나에게도 칭찬을 하는
　　　　　　　것이다. 성공한 작업이다.)

오후 02:21, 켄신 : 몇 시에 퇴근해요?ㅋ 디자이너씨ㅎ

　　　　　　　(너의 직업을 아주 존중해 주고 관심이 많고 '훌륭
　　　　　　　해 보인다!'라는 것을 간접적으로 표현함과 동시에
　　　　　　　'디자이너씨'라는 이름을 붙여 너의 직업은 전문직
　　　　　　　이라고 칭찬한다.)

오후 02:37, 은지 : 8시30이요^^

오후 02:48, 켄신: 평일엔 학생… 주말엔 디자이너ㅋ 이중
　　　　　　　생활이네요ㅎ

오후 02:54, 은지 : 그렇죠!!^^

오후 03:15, 켄신 : 그렇다고… 이중인격은 아니시겠죠?
　　　　　　　ㅋㅋ

오후 05:43, 은지 : 네ㅋㅋㅋㅋ

대화도 여기까지가 가장 적당하고 생각했기에 가장 좋을 때
먼저 대화를 끊었다.

10월 10일

오후 03:15, 켄신 : 사진 잘 나오셨어요ㅎㅎ

　　　　　　　(카카오톡 사진 칭찬. 주변의 모든 것이 대화의 소

　　　　　　　재이다.)

오후 03:16, 은지 : 감사합니다^^

오후 03:16, 은지 : 서울 올라오셨나 봐요ㅋ

오후 03:17, 켄신 : 네ㅎ 오늘 쉬는 날이에요?ㅋ

오후 03:18, 은지 : 네^^주말만해요

오후 03:18, 켄신 : 혹시 월욜이나 수욜 시간 돼요?ㅋ

　　　　　　　(여기서 애프터를 잡는 것이 아니라 그냥 언질만

　　　　　　　날린다는 마음으로 시도)

오후 03:19, 은지 : 오늘이나 수욜이에???

오후 03:20, 켄신 : 네ㅋ 평일만 시간이 될 거 같아서ㅎ

오후 03:21, 은지 : 아…ㅋ

오후 03:33, 켄신 : 칵테일 한잔해요(깜찍)

여기서 문자가 씹혔지만 절대 다시 문자를 하지 않는다. 그냥 다음 날 하면 된다.

이 글을 읽는 독자라면, 정말 쉽지 않은 여성이라는 것을 느꼈을 거다.

10월 12

오후 12:31, 켄신 : 안녕^^

오후 03:24, 은지 : 시험친다고이제봤어요~

　　　　　　　(4시간 후에 답장 옴. 그러나 절대 두세 통 문자하

　　　　　　　거나 전화 같은 것을 하지 않음)

오후 03:31, 켄신 : 잘 치셨을 거라 믿어요!

　　　　　　　(4시간 후에 답장 옴. 아마도 애프터 언급 때문인

　　　　　　　것 같으나 절대 다시 문자를 하거나 전화를 하지

　　　　　　　않음)

오후 07:06, 은지 : 음… 쪼금만요ㅜ

오후 07:07, 은지 : 피곤해서 쫌 자다가 이제봤어요…^^

오후 07:29, 켄신 : ㅎㅎ 잘했어요… 애기네요, 낮잠 자

　　　　　　　고ㅋ

　　　　　　　(오히려 역으로 아주 쿨하게 나는 너의 문자를 기

　　　　　　　다리지 않았고, 문자를 늦게 보낸 거나 연락이 안

되는 거에 대해 언급하지 않고 여유 있게 답장함.

그리고 애프터에 대한 낚시 단어 '애기'이다.)

오후 07:30, 은지 : 애기아니에용ㅜ

(이 대답이 나올 거라 예상했다.)

오후 07:32, 켄신 : ㅋㅋ 주말에 확인하면 되지ㅎ

('애기'라는 말로 애프터 테크를 자연스럽게 다시

시도함.)

오후 07:32, 은지 : 뭘요???

오후 07:33, 켄신 : 주말에 보고 싶어서ㅎ

(이 여성에게는 이런저런 기술보다 그냥 바로 표현

하면 어떨까 싶어 바로 표현함)

오후 08:03, 은지 : 일하잖아요…^^

(이 여성은 애프터에 마음이 없다는 것을 확인했으

니 더 이상의 언급은 무리)

오후 08:08, 켄신 : 아, 깜박했어요ㅋ 이름이 뭐예요?ㅎ

오후 08:18, 은지 : 노은지요…^^

오후 08:25, 켄신 : 이름 예뻐요ㅋ 말 놔도 돼요?^^

오후 08:41, 은지 : 네^^

오후 08:41, 은지 : 그쪽은요???

오후 09:51, 켄신 : 그쪽이 아니라… 켄신 오빠야ㅋ

오후 09:51, 켄신 : 오빠라 불러ㅎㅎ

오후 09:51, 은지 : 네~~~

(이 여성은 헌팅을 너무 많이 받아서 경계심이 남
달랐다. 그래서 처음부터 호구조사를 먼저 했다면
연락 자체가 안 됐을 것이다. 그래서 지금 하는 것
이다. 먼저 친목을 쌓고 친해지면서 서서히 호구조
사를 하는 것이 좋은 방법이다.)

오후 09:51, 은지 : 머하구 계세요???ㅎㅎ

오후 09:52, 켄신 : 지금 친구랑 술 마시고 있어ㅎ

오후 09:57, 은지 : 아하!! 전노래방이요^^

오후 09:58, 켄신 : 은지야… 우리 언제 술 한잔해^^

(애프터 다시 언급)

오후 09:58, 은지 : 그래요^^근데 저 주량 많이 약해져서
요…

오후 10:00, 켄신 : 오빠도 술 약해ㅋ

오후 10:10, 은지 : 전2병 넘게 가는데 요즘은 한 병밖에 안
돼요…

오후 10:18, 켄신 : 오빠는 반병 정도ㅋㅋ

오후 10:21, 은지 : 거짓말…

오후 10:28, 켄신 : 진짜야… 한 병 마시면 취해.

오후 10:41, 은지 : 그러면서 술마시쟤~~~ㅎ

오후 10:42, 켄신 : 술 마시면 재밌잖아ㅋㅋ

오후 11:12, 은지 : ㅋㅋ지금도 마시구 있어요??

오후 11:42, 켄신 : 이제 집에 가… 은지는 뭐해?ㅎ

오후 11:49, 은지 : 나두 이제가ㅜ3구 잠깐 치구

오후 11:50, 켄신 : 당구도 칠 줄 알아?(궁금)

오후 11:50, 은지 : 포켓만 잘쳐ㅎㅎ

이름을 서로 알고부터 좀 더 빠르게 관계가 진전되는 여성
이다. 만일 이름이나 중요한 정보를 먼저 물어봤다면 더욱
어려운 진행이 될 뻔했다.

10월 13일

오전 11:53, 켄신 : 은지야~ 뭐해?ㅎ

오전 11:54, 은지 : 회사 식구들끼리회식했어요…^^

오전 11:57, 켄신 : ㅋㅋ 식구들… 친한가 보다

　　　　　　　　(식구들이라는 것에서 또 하나의 대화 소재를 찾음)

오후 12:27, 은지 : 네ㅎ 가족 같아요^^

오후 01:26, 켄신 : 보기 좋다ㅎ 우린 남매지간?ㅋ

　　　　　　　　(가족이라는 것에서 남매라는 유머의 소재를 찾음)

오후 01:28, 은지 : 그런가???ㅎ

　　　　　　　　(긍정의 반응을 보고 호감지수를 측정할 수 있음)

오후 01:38, 켄신 : 서로 좋아하는 사이?ㅎㅎ

오후 01:43, 은지 : 네?ㅋㅋㅋㅋ

오후 01:53, 켄신 : 비웃는거임?ㅋㅋ

　　　　　　　　(화제를 던지고 어디까지 받아 주는지 측정한 후

　　　　　　　　마무리)

오후 01:59, 은지 : 아니에요…^^ㅎ

오후 02:01, 켄신 : 그럼 수욜 볼까나?ㅋ

　　　　　　　　(애프터 테크. 이미 애프터에 대해 많이 암시를 했

　　　　　　　　고 노력했으니 다시 얘기를 꺼내도 무난하다.)

오후 02:02, 은지 : 수요일요???

오후 02:07, 켄신: 응 너랑 더 친해지고 싶어.^^

오후 02:12, 은지 : ㅎㅎㅎㅎ어디서요?

오후 02:15, 켄신 : 수요일 저녁 8시 강남역 7번 출구에서

　　　　　　　　보자^^

　　　　　　　　(데이트 약속은 아주 정확하게 말해야 하고 확답을

　　　　　　　　반드시 받아야 함)

오후 02:18, 은지 : 네~알겠어요ㅎ (정확한 대답)

오후 02:27, 켄신 : 알겠어~ㅎ

#2 예술적 감각의 의대생

- F(X)스타일의 크리스탈 닮은 의대생, 키 167㎝
- 지적이면서도 유머와 여유가 있는 성격

9월 23일

오후 08:23, 켄신 : (인사하는 곰돌이 사진)

오후 08:23, 켄신 : 안녕하세요, 첼로님^^ 레슨 잘 받으시
나요?

(어프로치 했을 때 그녀는 첼로 가방을 메고 있었고

레슨을 받으러 간다고 했다. 처음 연락은 어프로치

한 그 시점부터 자연스럽게 이어 나가면 된다.)

오후 08:33, 혜미 : 네ㅋㅋ 끝나구 집에 왔어요.

오후 08:36, 켄신 : 벌써 끝나신 거예요?ㅎ 빠르다… (미러링)

오후 08:38, 혜미 : 취미로 하는 거라ㅋㅋ 오래는 안 해요.

오후 08:42, 켄신 : 근데… 왠지 낯이 익는 게 그분 닮았어
요~ㅎ (호기심)

오후 08:43, 혜미 : ㅋㅋㅋㅋㅋㅋㅋㅋㅋ그분이 누구예요?

오후 08:46, 켄신 : F(x)스타일이랑 좀 비슷한 거 같아요ㅋ

(칭찬+미끼)

오후 08:56, 혜미 : 아ㅋㅋㅋ감사해요.

오후 09:02, 켄신 : 감사하면… 밥 사요. (유머+만남 암시)

오후 09:05, 혜미 : 아^^;; 사실 에프엑스 별로 안 좋아해요.

오후 09:17, 켄신 : 아쉽다ㅋ 근데… 첼로님은 인문대생일
　　　　　　　　　거 같은데~ 왠지… (콜드리딩)

오후 09:20, 혜미 : 아니에여ㅋㅋㅋ 예상 밖일 텐데.

오후 09:26, 켄신 : 예상 밖이면… 해부학?ㅋ 신경정신과?
　　　　　　　　　ㅋ (놀리기. 보수적이고 나에게 경계심이 높은 여

　　　　　　　　　성에게는 negative 농담은 삼갈 것)

오후 09:37, 혜미 : ㅋㅋㅋㅋ의대 다녀여.

오후 09:40, 켄신 : 맞췄다ㅎㅎ 해부학! 신경정신과! 어울
　　　　　　　　　리세요--+ (유머)

오후 09:43, 혜미 : ㅋㅋㅋㅋㅋㅋㅋㅋㅋㅋㅋㅋㅋㅋ전공은
　　　　　　　　　아직 안 정했어요.

오후 09:54, 켄신 : 음… 글쿤요ㅋ 에프엑스하시면 더 멋
　　　　　　　　　질 거 같은데ㅎ

　　　　　　　　　(그녀를 조금 놀렸으니 전혀 다른 화제로 전환하면

　　　　　　　　　서 칭찬으로 다시 가치를 높여 준다.)

오후 09:57, 혜미 : ㅋㅋㅋㅋㅋㅋㅋ오빠 학생이에요? (호감반응)

오후 10:01, 켄신 : 네ㅎ 지성인이에요… 그림 그리는 남자
랍니다^^

(바로 '저 ○○○해요, ○○○쪽에 일해요'보다는
약간의 서술적 소개가 필요하고 여성들은 이런 말
에 나의 직업에 대해 더 좋고 가치 있게 생각한다.)

오후 10:31, 혜미 : 오ㅋㅋㅋㅋ 미대 다녀요?

오후 10:48, 켄신 : 네ㅎ 예술 하는 사람입니다ㅋ 첼로님…
뭐하세요?ㅎ

(항상 문자는 답장에 답변을 하고 내가 다시 질문
하는 형식이 가장 무난하고 좋은 방법이다.)

오후 10:54, 혜미 : 친구 생일파티 왔어요ㅋㅋㅋㅋ

오후 11:02, 켄신 : 와우… 뻘쓰파리? 좋겠다ㅋ 폭탄주 제
조 들어가겠네요ㅎㅎ

('뻘쓰파리'와 '폭탄주 제조'라는 것으로 유머를 첨
가하고 또한 미리 술에 대해 언급하여 주량 여부도
미리 알 수 있다.)

오후 11:04, 혜미 : ㅋㅋㅋ 이미 생일주 만들어줬졍 (음주 有)

오후 11:10, 켄신 : 참… 이런 건 말 안 해도 잘하실 거 같아
서요ㅋㅋ

오후 11:28, 혜미 : ㅋㅋㅋㅋㅋㅋㅋㅋㅋㅌㅋㅋㅋㅋㅋ왜요?

오후 11:42, 켄신 : ㅋㅋ 첼로님… 술 마니 마셨어요?

오후 11:46, 혜미 : ㅋㅋㅋㅋㅋㅋ갠차나요 아직.

9월 24일

오전 12:13, 켄신 : 지금쯤이면 4병은 마셨을 텐데… 괜찮
아요?ㅎ

오전 12:28, 혜미 : ㅋㅋㅋㅋㅋㅋ네 괜찮아요. 많이 안 먹었
어요.

오전 12:31, 켄신 : 다행이에요ㅋ 첼로님이랑 얘기하니깐…
느낌이 O형 같아요ㅎ (콜드리딩1)

오전 12:32, 혜미 : 오ㅋㅋㅋㅋ잘 아시네영!

오전 12:39, 켄신 : 밝고 명랑하잖아요ㅋ 사교성도 좀 좋을
거 같은데… (콜드리딩2)

오전 12:41, 혜미 : 아ㅎㅎㅎ 안 주무세요?

오전 12:44, 켄신 : 밤새 작업할 게 있어서ㅋ 우리 둘 다 늦
게 자겠네요^^ (미러링)

오전 12:44, 혜미 : 아ㅋㅋ 무슨 그림 그려요?

오전 12:49, 켄신 : 네ㅋ 득도의 경지에 오르기 위해…(깜찍)

오전 12:51, 혜미 : ㅋㅋㅋㅋㅋㅋ뭐예요~

오전 12:55, 켄신 : 첼로님… 정상에서 봐요ㅋ (유머)

오전 01:02, 혜미 : ㅋㅋㅋㅋㅋㅋㅋㅋㅋㅋㅋㅋㅋㅋㅋ

여기서 대화를 끝낸 이유는 첫날에 이미 많은 얘기를 했고
또한 생일파티에 있는데 나랑 계속 문자 주고받기가 힘들
것이기 때문이다. 그래서 그녀에게서 먼저 내일 연락하자는
말을 듣기 전에 내가 먼저 대화를 마무리 지은 것이다.

오후 05:42, 켄신 : 첼로님… 뭐하세요?ㅎ

오후 05:47, 혜미 : 카페에서 공부해요ㅋㅋ

오후 06:05, 켄신 : 분위기 있는데요?ㅎ 저랑 취향이 비슷
　　　　　　　　　해요ㅋ (미러링)

오후 06:12, 혜미 : 아~이런 거 좋아하시나 봐영!

오후 06:17, 켄신 : 오빠가 가을남자라서ㅋ 강남 자주 가
　　　　　　　　　요?ㅎ

오후 06:18, 혜미 : 강남 살아요ㅋㅋ

오후 06:18, 켄신 : 아… 원래 서울 살아요?ㅎ 유학? (호구조사1)

오후 06:20, 혜미 : 아뇨ㅋㅋ 학교 때매 신림 살아요.

오후 06:22, 켄신 : 아… 글쿠나ㅎ 이름 가르쳐 주세요. 저
　　　　　　　　　장하게ㅋ (호구조사2)

오후 06:23, 혜미 : 강혜미예요ㅋㅋㅋ그쪽은요?

오후 06:24, 켄신 : 켄신이에요ㅎ 앞으로 케엔신 오빠라
　　　　　　　　　불러요ㅋ

오후 06:25, 혜미 : ㅋㅋㅋㅋㅋㅋㅋㅋㅋㅋㅋㅋ켄신 오빠두
　　　　　　　　　아니구 케엔신 오빠라 불러야 대여?

오후 06:27, 켄신 : 네ㅎ 케엔신! 귀엽잖아요 오빠 이미지랑
　　　　　　　　　(절규)

오후 06:28, 혜미 : ㅋㅋㅋㅋㅋㅋ귀…엽…?

오후 06:29, 켄신 : 혜미는 샤방샤방하고 오빠는… 귀엽귀
　　　　　　　　　엽ㅋ

오후 06:33, 혜미 : 저 샤방샤방과는 거리가 먼데…ㅋㅋㅋ
　　　　　　　　　ㅋㅋ

오후 06:36, 켄신 : 음… 그래요?ㅎ 다시 한 번 봐야겠네
　　　　　　　　　요ㅋ 오빠 말 놔도 돼요? (데이트 암시)

오후 06:37, 혜미 : 그러세요ㅎㅎ

오후 06:40, 켄신 : 혜미아~~~ㅋ

오후 06:45, 혜미 : 왜요ㅋㅋㅋ켄신오빡ㅋㅋㅋㅋㅋ

오후 06:49, 켄신 : 그냥 불러 보고 싶어서ㅎ 언제 같이 한
　　　　　　　　　잔하자… 너랑 친하고 싶어ㅋ (줌아웃)

오후 07:32, 혜미 : 그래요~ 오빤 몇 살이에여?

오후 07:54, 켄신 : 24살이야~ 휴… 강남은 역시 사람 많아ㅋ

(여성의 나이와 어느 정도의 균형을 맞추는 것이

좋다. 자신이 나이가 훨씬 많다면 초면이나 당분

간은 나이를 여성의 나이에 3~4살 정도 차이를

맞추어라.)

오후 07:59, 혜미 : ㅋㅋ술 마시러 가여?

오후 08:34, 켄신 : 응ㅋ 올만에 친구들 만났어. 넌 뭐해?ㅎ

오후 08:57, 혜미 : 전 아직 카페ㅋㅋㅋㅋ 케익 머거여.

9월 25일

오후 02:55, 켄신 : 어제··· 좀 많이 놀았더니ㅎ 혜미아~

(연락이 없다고 두려워하거나 불안해할 필요가 없

다. 그냥 기다리다 안 오면 다시 보내면 그만이다.)

오후 08:09, 켄신 : (아이스크림 사진)

오후 08:09, 켄신 : 혜미아 추운데··· 아이스크림 먹어~ (날

씨 부조리의 유머)

오후 08:12, 혜미 : 잘 먹을게요 ㅋㅋㅋ

오후 08:29, 켄신 : 사진 잘 나왔네ㅋ 딴 사람 같아···

오후 09:17, 혜미 : ㅋㅋㅋㅋㅋㅋ그래여?

오후 09:42, 켄신 : 응··· 특히 하트가 잘 나왔어ㅎ 오빠한

테 보내는 거구나··· (감정테스트)

오후 09:56, 혜미 : ㅋㅋㅋㅋㅋㅋ그럴 리가!

　　　　　　　　(부정의 반응은 아님)

오후 10:10, 켄신 : 근데 혜미야~ 담주 평일에 뭐해?ㅎㅎ

　　　　　　　　(줌 아웃)

오후 10:12, 혜미 : 담주요?ㅋㅋ 주말엔 친구 약속 있고ㅋㅋ

　　　　　　　　(주말엔 약속 있다는 말은 실제로 거절이 아니라

　　　　　　　　평일이나 주말이 아닌 일요일 등 다른 가능성이

　　　　　　　　있다는 암시도 같이 있다.)

오후 10:14, 켄신 : 그래 평일에 볼까? (줌 아웃)

오후 10:16, 혜미 : ㅋㅋㅋㅋㅋ 언제요?

오후 10:24, 켄신 : 화요일이나 수요일 괜찮아요?ㅎㅎ (줌인

　　　　　　　　+더블 바인드)

오후 10:26, 혜미 : ㅋㅋㅋㅋ네^^ 전 평일은 아무 때나 괜찮

　　　　　　　　아요.

오후 10:32, 켄신 : 그럼 화요일 강남역 10번 출구에서 7시

　　　　　　　　에 보자^^ (확실한 제안)

오후 10:33, 혜미 : 넹^^ 그렇게 해요ㅋㅋㅋㅋ (확실한 답변)

오후 10:35, 켄신 : 알겠어^^

#3 차가워 보이는 도도한 여성

- 훌륭한 몸매와 다리 덕분에 로드와 술집에서 헌팅을 많이 받음
- 겉모습은 차가워 보이나 정이 많고 따뜻한 심성의 성격

10월 15일

오후 10:31, 켄신 : (인사하는 곰돌이 사진)

오후 10:32, 켄신 : 안녕하세요^^ 볼일 잘 보고 있어요?

오후 10:47, 정미 : 아 핸드폰이 안 터지네요ㅜ

오후 10:51, 켄신 : 지하에 있나 봐요ㅋ 뭐해요?ㅎ

오후 10:53, 정미 : 술 마셔요… ㅋ 아까 그분 맞죠??

오후 10:54, 켄신 : 파란 옷 입은 오빠예요ㅋ

오후 10:55, 정미 : ㅋㅋ그분이 맞겠죠ㅋ

오후 10:56, 켄신 : 다른 사람도 있나요?

오후 10:56, 정미 : 모르는 분이니깐 그분 맞나 해서요.

오후 11:00, 켄신 : 아… 귀엽네요ㅋ 왠지 느낌이…

       (겉모습이 도도해 보여서 귀엽다는 말을 인위적으

       로 썼다. 그녀의 이미지에 이런 말은 잘 듣지 못하

       는 칭찬이기 때문이다.)

오후 11:01, 정미 : 하하하(ㅋㅋ)(ㅋㅋ)

오후 11:39, 켄신 : 밖에 천둥치던데… 조심하세요ㅋ

오후 11:40, 정미 : 집이세요?

오후 11:46, 켄신 : 이제 가는 길이예요ㅋ 친구 만나고… 뭐
해요?

오후 11:47, 정미 : 아ㅋㅋ술 먹지요.

오후 11:49, 켄신 : 저도 끼워줘요ㅋ (즉석 메이드 시도, 간 보기)

오후 11:50, 정미 : ㅋㅋ헌팅 쩔어요.

오후 11:56, 켄신 : 어딘데요?ㅎ 그 애들보다 오빠가 낫
죠ㅋ (감정도 테스트)

오후 11:57, 정미 : ㅋㅋㅋ뭐예요ㅋㅋ 홍대죠.

오후 11:59, 켄신 : ㅎㅎ 시간 되면 한잔해요ㅋ (애프터 암시)

10월 16일

오전 12:07, 정미 : 하핫^^

오전 12:13, 켄신 : 친해지고 싶어요^^

오전 12:18, 정미 : 친하게 지내요.

오전 12:31, 켄신 : 그래요ㅋ 술 잘 마셔요? (주량 여부를 파악)

오전 05:38, 정미 : 아니, 못 마셔요ㅋ

오후 08:39, 켄신 : 하이~ 주말 잘 보내고 있어요?ㅋ

오후 08:41, 정미 : 아 주말인데 일하구 있습니다…ㅜ

오후 08:45, 켄신 : 아하… 늦게 하네요ㅎ 퇴근하는 시간이
10시… 맞죠?ㅋ

(콜드리딩. 주말에 일하면 대부분 서비스직이고 서
비스직은 10시~11시에 퇴근하는 것으로 알고 있다.)

오후 08:46, 정미 : 어케 알았어요? 근데 주말엔 11시 퇴근
이에요.

오후 08:55, 켄신 : 왠지… 느낌이ㅎ 서비스나 예술 쪽에 일
하실 거 같아요.

(콜드리딩. 그냥 스타일이나 주말에 일하는 거 등
을 참고했을 뿐이다. 그러나 맞아떨어지니 더욱
잘된 일이다.)

오후 09:12, 정미 : ㅋㅋㅋ 어케 아셨지… 대단한데요ㅋㄷ

오후 09:14, 켄신 : 아… 이제 하늘로 승천해야겠다ㅋ

오후 09:43, 정미 : ㅋㅋ그게 뭔 말이에요?

오후 09:49, 켄신 : 잘 맞추니… 기분이 업 돼서ㅎㅎ 오빠
말 놔도 돼요?

(매너. 늘 말하지만 여성에게 동생이라고 해서 말
을 함부로 놓으면 절대 안 된다.)

오후 09:51, 정미 : ㅋㅋ아 말 놔두 돼요~ 근데 오빠는 일

해요?

오후 09:54, 켄신 : 응… 일하시는 오빠다ㅋ 이름도 가르쳐
줘ㅎ

오후 09:54, 정미 : 아 무슨 일하는데요? 이름 김정미에요.

오후 09:56, 켄신 : 디자인 쪽에서 일해. 내 얼굴이랑 어울
려?ㅎ

(그냥 '저 디자이너예요~'보다는 디자인 쪽에서
일한다고 얘기하면 나에 대해 더 상상과 호기심을
가질 수 있고, '내 얼굴이랑 어울려?'라는 말로 유
머를 첨가해 대화에 활력을 넣을 수 있다.)

오후 09:56, 정미 : 오 디자인?? 어울려여ㅋ 멋진 거 하네요.

오후 09:58, 켄신 : 고마워ㅎ 정미는 키가 몇이야?

오후 10:07, 정미 : ㅋㅋ 166요… ㅋㅋ 작아연ㅜ

오후 10:40, 켄신 : 커 보이던데ㅎ 의외로 작구나ㅋ

오후 10:43, 정미 : 힐 신어서 그런 듯ㅜ 그래두 여자로서
보통 키에연ㅜ

오후 10:47, 켄신 : 알아ㅋ 정미는 평일에 쉬어?

(주말에 일한다는 걸 알고 있지만 애프터 테크의
사전작업을 위해 모르는 척 우연히 평일에 쉬냐고
물어본다.)

오후 10:57, 정미 : ㅋ끝났당… 저는 평일에 쉬어요~ 오빠
주말?

> (당연히 평일에 쉰다고 할 것이다. 이건 그냥 Yes
> 세트를 받아내기 위함일 뿐이다. 그리고 "오빠 주
> 말?"이라는 반응으로 봐서 애프터에 대한 거부감
> 이 없다는 걸 직감할 수 있다.)

오후 11:13, 켄신 : 오빠 자영업이랑 쉬고 싶을 때 쉬어ㅋ

오후 11:23, 정미 : 와 조켓당~~ 일은 보통 몇시에 끝나는
데요?

오후 11:28, 켄신 : 밤에 끝날 때도 있고… 낮에 끝날 때도
있고… 그때그때 달라^^

> (언제 퇴근할지 모르게 해서 그녀에게 항상 기회
> 가 있는 것이 아니라는 걸 간접적으로 암시하고
> 내가 원하는 시간 때에 애프터를 잡기 위함이다.)

오후 11:39, 정미 : 좋은 직업이넹…(방긋)(방긋)

오후 11:42, 켄신 : 아니야ㅎ 추운데… 감기 조심해^^

오후 11:43, 정미 : ㅋ날씨 추워졌지… 오빠듀 감기 조심
해요~

10월 17일

오전 12:25, 켄신 : 응… 언제 한번 봐^^ (애프터 암시)

오전 12:36, 정미 : 네ㅋㄷ 시간 맞춰서 한번 봐요~~

              ("네"라는 대답은 긍정임으로 바로 애프터 테크를

              들어가면 된다.)

오전 12:53, 켄신 : 평일 쉬는 날 언제야?ㅎ (줌아웃)

오전 12:56, 정미 : 흠, 저 19일 날 쉬구요~ 곧 있으면 일

              주일 쉬는데 그건 날짜가 아직 안 나왔

              어용~!

오전 01:04, 켄신 : 그럼… 뭐 수욜 저녁에 보면 되겠네ㅎ

              (줌인)

오전 01:05, 정미 : 근데… 제가 수요일에 12시에 끝나네여…

오전 01:06, 켄신 : 아… 잘됐다ㅎ 오빠도 늦게 끝나는데.

오전 01:07, 정미 : ㅋㅋ새벽에 만나서 뭐해요ㅋㅋ

오전 01:24, 켄신 : 술 먹지ㅋ 마술 좋아해?ㅎ (애프터를 이끌

              어 내기 위한 강한 미끼)

오전 01:38, 정미 : ㅋㅋ마술?ㅋ 좋아해요~ 왜요?

오전 01:41, 켄신 : 새벽에 술 먹으면서 정미 유혹해야겠

              다ㅎㅎ (감정도 테스트)

오전 01:42, 정미 : 어떻게 유혹해요?

오전 01:46, 켄신 : 그건… 비밀~

오전 01:47, 정미 : 알려줘, 왜ㅜ

오전 01:47, 정미 : 여ㅜ

오전 01:47, 켄신 : 농담인데… 넘 심각하다~

　　　　　　　(진도를 나가다가 다시 뒤로 후퇴)

오전 01:48, 정미 : 쩝! 농담이었구낭!

　　　　　　　(아쉬움의 반응. 이것으로 나에 대한 호감과 감정

　　　　　　　이 많다는 걸 알 수 있었다.)

오전 01:51, 켄신 : 마술과 술로 유혹할 거야…

　　　　　　　(호감지수가 높다는 걸 확인했으니 다시 진전)

오전 01:51, 정미 : ㅋㅋ마술 잘해요?

오전 01:53, 켄신 : 조금ㅎ 정미 가지려고… (야한 이야기)

오전 01:54, 정미 : 엥?ㅋㅋ 내가 첨 아니죠?

　　　　　　　(여성의 테스트. 이럴 때는 무조건 아니라는 말보

　　　　　　　다는 몇 번 있는데 정말 마음에 드는 여자에게만

　　　　　　　갔었고 잘 사귀었다고 말하면 더 좋을 것이다.)

오전 02:06, 켄신 : 이렇게 사귄 적 많은데~

오전 02:07, 켄신 : 한 3번?ㅎㅎ

오전 02:32, 정미 : …솔직한데?

오전 02:55, 켄신 : 응, 나… 거짓말하고 이런 거 싫어~

오후 12:13, 정미 : 흠, 거짓말 안 하는 건 좋은뎅… 이런
적이 많쿠낭!

(이 여성의 문자 속에 호감도는 있으나 바람둥이
라는 걱정과 남자가 자신을 안심시켜 줄 반전이
있기를 바라는 속마음을 캐치해야 함.)

오후 12:22, 켄신 : 예전 몇 번 사귄 적 있어… 하지만 애인
있으면 안 하지…

("몇 번 사귄 적 있어"는 약간의 솔직함과 허점을
주고 역으로 더 크게 내가 거짓말을 하는 사람이
아니라는 인상을 심어 준다. 그리고 "애인 있으면
안 하지"라는 말을 믿게 하려는 사전작업과 미끼
이다. 살을 주고 뼈를 치는 작전과 같다.)

오후 12:23, 정미 : 애인 있으면 당연히 안 해야지!!! 근데 이
러케 사귀고 오래 만났어여? (여성의 테스트2)

오후 12:27, 켄신 : 두 명은 1년 정도… 한 명은 3개월 정도…

(모두 다 로맨틱했다는 말은 완전 거짓말처럼 보
인다. 증거가 완벽할수록 그것은 거짓말이라는 말
이 있다. 여성이 수준이 낮으면 통할지 몰라도 수
준이 높다면 들통 날 것이다. 그러니 현실적인 것
이 가장 좋다.)

오후 12:37, 정미 : 아아 오래 만났구낭~

오후 06:04, 켄신 : 사진… 귀엽네ㅋ 정미이.
　　　　　　　　(여성의 테스트를 벗어나기 위한 화제 전환)

오후 06:43, 정미 : ㅋㅋ사진 잘 나왔어요?

오후 06:55, 켄신 : 응… 이제 기억난다ㅎ

오후 07:10, 정미 : ㅋㅋ얼굴 까먹으신 건가여…(곤란)ㅋ

오후 07:13, 켄신 : 아니… 까먹은 건 아니고ㅋ 더 선명해진
　　　　　　　　거지(절규)

오후 07:21, 정미 : 아아…ㅋㅋㅋ 실물이랑 사진이랑 좀 비
　　　　　　　　슷한가?

오후 07:30, 켄신 : 사진이 훨 이쁜데?ㅋㅋ

오후 07:30, 정미 : …나 사진 잘 안 받는데ㅜㅜ

오후 07:31, 켄신 : 실물이 낫지ㅋ 장난이었어ㅎㅎ

오후 07:31, 정미 : 흥!!! 삐졌음(놀람)(놀람)

오후 07:32, 켄신 : 귀여운 정미이ㅋ 오빠가 안아 줄게~ 일
　　　　　　　　루 와ㅎ (연인모드+야한 이야기)

오후 07:32, 정미 : 허…(헤롱)(헤롱)(헤롱) (긍정반응)

오후 07:34, 켄신 : 일단 키핑~ 수율 봐서ㅋ (치고 빠지기)

오후 07:34, 정미 : 키핑은 뭐예여ㅋㅋㅋ

오후 07:36, 켄신 : 만나서 안아 줄게ㅋ 오빠 지하철인데…

사람 많아(부끄)

(우리는 만나면 스킨십은 무조건 한다는 암시와
더 이상 진도를 나가면 재미없기에 감질 맛나게
계속 치고 빠지는 밀고 당기기를 하는 것이다.)

오후 07:37, 정미 : ㅋㅋㅋㅋ이러면 안 되옵니다…ㅋㅋ 나
두 지하철… 여기듀 사람 많탕!

오후 07:40, 켄신 : 우리 둘만 있을 때 하자… 어쩔 수 없
네ㅋㅋ (야한 이야기)

오후 07:41, 정미 : ㅋ뭘 해요?

오후 07:41, 켄신 : 프리허그~ (성적 암시)

오후 07:42, 정미 : ㅋㅋㅋㅋ흠… 일 끝났어요? (긍정의반응)

오후 07:44, 켄신 : 응ㅋ 술 마시러 영등포 가고 있어ㅎ

오후 07:44, 정미 : 아하 그렇군~!!!

오후 07:48, 켄신 : 오빠 이따 연락할게^^ 정미야~ㅋ

10월 18일

오전 12:23, 정미 : 오빠 뭐해요?ㅋㅋㅋㅋ

오전 12:47, 켄신 : 운동하고 있지~ 수욜 끝나고 보는 거
알지?ㅎ (데이트 암시)

오전 12:54, 정미 : 12시에 끝나서… 봐야 될 것 같은데 내

가 너무 늦게 끝나서 ㅋㅋㅋ

오전 12:56, 켄신 : 원래 새벽에 놀아야 제맛이야~ㅎ (반격기)

오전 12:57, 정미 : 네ㅋㅋ 알겠어여ㅋㅋㅋ

오전 12:57, 켄신 : 그럼 수욜 새벽 1시에 봐^^ (확실한 제안)

오전 12:58, 정미 : 넹ㅋㅋㅋ (확실한 답변)

오전 12:58, 켄신 : 근데 정미는 혼자 있으면 주로 뭐하고
놀아?ㅎㅎ

> (데이트 잡았다고 그냥 연락을 끊으면 너무 목적
> 을 달성만 하고 빠지는 걸로 보이니 간단하게 대
> 화를 더 하는 것도 좋다.)

오전 12:59, 정미 : 그냥 뭐 티비 보고 컴터 하고 놀아여ㅋ
ㅋㅋ

오전 12:59, 켄신 : 그렇구나ㅎ 게임 좋아해?~ㅎ

오전 01:01, 정미 : 아ㅋㅋ 게임 잘 안 해서 못해요. 오빠는
잘해요?ㅋㅋㅋ

오전 01:08, 켄신 : 난 오락실 게임 잘해ㅋㅋ 컴터 게임은
소질이 없나 봐ㅎ

> (게임중독자로 보이지 않기 위해서 이렇게 대답하
> 였으며, 실제로도 게임을 못한다.)

[맺음말]

'Attraction(매력) + Approach(접근) → Rapport(친해지기) + Seduction(유혹) → Comfort(편안함) + Trust(신뢰)'의 단계에서 〈연애의 기술〉과 〈작업의 정석〉은 'Rapport(친해지기) + Seduction(유혹)'에 해당한다. 'Attraction(매력) + Approach(접근)'은 〈유혹의 기술 실전 지침서〉에서 심층적으로 다루도록 하겠습니다.

〈픽업아티스트 연애의 기술〉은 제가 수년 동안 수많은 한국 여성들을 유혹하면서 가장 보편적으로 잘되는 기술들을 수록한 원래 책 제목 〈P&P메서드–연락의 기술〉을 원작으로 하고 있으며, 대중에게 더 친숙해지기 위해 책 이름과 내용을 각색했습니다.

실전 데이트 기술 및 대화루틴은 〈모태솔로 탈출 작업의 정석〉에 심층적으로 다루어져 있으니 참고하시길 바랍니다.

많은 분들이 내용은 매우 훌륭하지만, 분량이 짧다고 얘기하시는데 만약 제가 원래의 뜻과 원리 개념들을 소개했다면 지루하여 명작으로 남을 수 없었을 것입니다. 그래서 핵심과 결론만 말했으며 실전 예시들로 채웠습니다.

저에게는 "가장 강한 것이 가장 아름답다.", "가장 명쾌한 것이 진리다."라는 철학이 있기에 의도적으로 스피드리딩(speed reading), 스피드노우(speed know) 기법으로 저술했습니다. 이것은 초보자도 고급기술을 단번에 이해하고 적용할 수 있게 해 줍니다.

이 책에 나오는 기술들은 모든 여성에게 지켜야 할 최소한의 공식이라 저는 생각합니다.

앞으로 아무리 시대가 흘러도 제가 소개한 기술들은 반드시 지켜야 할 규율일 겁니다. 왜냐하면 연락이라는 한정된 분야만을 추구한 것이 아니라 여성과의 의사소통 시 필요한 많은 것들이 사실 여기에 포함되어 있습니다.

연락이라는 것은 접근과 만남의 징검다리 역할이라 할 수 있습니다. 그래서 어떻게 보면 비중이 없을 것 같지만 가장 비중이 크다고 해도 과언이 아닙니다.
또한, 스스로 연락에 소질이 있고 없고를 단정 짓지 마시길 바랍니다.

공부나 운동도 끊임없이 노력하고 연구하는 사람에게 항상 결과를 안겨 주듯이 무엇이든 끊임없이 연구하고 노력하는 자만이 성장할 수 있고 발전할 수 있습니다.

문자도 전화도 많이 해 본 사람이 잘하겠지만, 그동안 올바른 방법을 몰라 늘 제자리걸음만 하시는 분들에게 이 책이 정말 연애의 길잡이가 되었으면 하는 간절한 바람입니다.

사랑하는 여성과의 즐거운 연락과 만남을 이루시고, 이 책이 그 즐거운 연락과 만남에 작은 도움이 되어 사랑이 꼭 이루어지길 정말 기원하겠습니다.

저의 피와 땀으로 완성한 〈픽업아티스트 연애의 기술〉은 절대 없거나 이론상으로 만들어 낸 허구의 기술이 아니라 오직 한국 여성을 상대하기 위해 만들어졌습니다.
수많은 시도와 경험을 바탕으로 쓴 이 책이 여러분에게 정말 빛과 소금이 되길 바랍니다.

이 책에 나온 모든 여성의 이름과 정보는 제가 책에 필요한 법률적 · 도덕적 측면에서 모두 재구성했으며 대화 내용만 그대로 실었습니다.

끝으로 〈모태솔로 탈출 작업의 정석〉과 〈유혹의 기술 실전 지침서〉도 많이 사랑해 주시길 바랍니다.